KB268215

중국의 **음식** 欲

Chinese Foods by Liu Junru

Copyright © 2004 by CHINA INTERCONTINENTAL PRESS
All rights reserved.
Korean Translation Copyright © 2008 by DAEGA Publishing Co
Korean edition is Published by arrangement with CHINA INTERCONTINENTAL PRESS
through Eric Yang Agency.

이 책의 한국어판 저작권은 EYA-Agency를 통해 五洲傳播出版社와 독점 계약한 도서출판 대가에 있습니다.
저작권법에 의해 한국 내에서 보호를 받는 저작물이므로 무단 전재와 무단 복제를 금합니다.

NN 은 도서출판 대가의 임프린트입니다.

* 본문 사진 제공: 노충민魯忠民, 신화사新華社 촬영부, 왕수춘王樹村, 홍콩《중국여행》사진실, 황예黃銳, Imaginechina

중국의 음식

맛

리우쥔루 지음 | 구선심 옮김

LINN
도서출판 린

▶▶ 차례

머리말 … 7

전통적인 먹을거리 … 16

외래 식용종과 식품 … 30

그릇, 술잔, 젓가락 … 38

하루 세 끼, 식탁에 둘러앉아 함께 먹는다 … 50

일반 가정의 백반 … 61

맛있는 교자 … 70

각 지역의 먹을거리 … 80

소수 민족의 음식 … 99

식사 예절 … 115

사계절의 차와 음료수 … 122

지기를 만나면 천 잔의 술도 부족하다 … 145

다섯 가지 맛이 만드는 맛의 향연 … 162

요리사와 조리 기술 … 174

먹는 것이 보약 … 190

금기 사항 … 201

레스토랑 열전 … 215

고풍스러운 분위기와 황실에 버금가는 요리. 문화와 요리에는 밀접한 관련이 있다.

중국 사람들은 "백성은 먹을 것을 하늘로 생각한다民以食爲天"라는 말을 입버릇처럼 한다. '먹을거리'가 중국인에게 얼마나 중요한지를 단적으로 보여주는 말이다. 중국인에게는 배부르게 먹는 것뿐만 아니라, 먹을 것이 있고 먹을 수 있다는 게 하나의 '복'인 셈이다. 음식 문화를 극찬하는 후대인들은 공자孔子의 말을 자주 인용한다. "마시고 먹는 것과 남녀 간의 사랑은 사람들이 크게 원하는 일이다飮食男女 人之大欲存焉." 이는 생활을 향유함에 식욕이 긍정적인 사상적 근거가 되고 있다. 전 세계에서 중국처럼 산해진미가 수없이 많은 나라도 없을 것이다. 조리 기술에서도 프랑스·이탈리아를 제외하고는 중국인의 입맛을 만족시킬 요리사도 드물다.

조리 기술이 발달해서일까. 외국인들이 먹을 수 없다고 생각하는 재료라도 중국 요리사의 손을 거치면 최고의 요리로 바뀐다. 중국인의 식단 역시 매우 광범위하여 못 먹는 것 외에는 모두 먹을 수 있다. 먹는 것을 중시하여 광활한 땅 위에서 수많은 지방 고유의 산

부춘강富春江 강변의 논

해진미를 만들어냈다. 그뿐만 아니라 인생은 곧 예술이라 생각하는 중국인은 음식 문화를 해외로 전파했다. 세계 어디든 가까운 이웃이 된 오늘날 각국의 도시 어디서나 중국요리를 맛볼 수 있다.

땅이 넓은 다른 나라들처럼 중국요리의 특징을 남북으로 나누어 이야기할 수 있다. 중국에서 최상의 쌀은 동북에서 생산된다고는 하지만, 이 지역 사람들 역시 다른 북방 지역 사람들과 마찬가지로 면 요리를 좋아한다. 북방 지역에서도 북경의 쇄양육涮羊肉, 양고기 샤부샤부, 고압烤鴨, 오리구이, 산동성 요리를 첫손가락에 꼽는다. 남쪽의 주식은 쌀로, 요리 종류도 매우 풍부하다. 매운맛으로 유명한 사천

좌 운남의 찻잎 따는 소녀 **우** 성도 다관의 개완차蓋碗茶

요리川菜, 호남요리湘菜, 달콤한 맛이 일품인 양주요리淮揚菜, 해산물 요리가 대표적인 광동요리粵菜 등 다양하다. 이 때문에 중국을 찾은 외국인은 중국의 다양하고 풍부한 맛과 종류에 놀라곤 한다.

중국요리는 미각을 자극하고 만족시킬 뿐만 아니라 시각적으로도 화려하다. 중국의 음식은 색·향·맛을 모두 살리는 것이 조리의 철칙이다. 요리의 색감을 고려하여 적당한 고기와 채소를 사용한다. 하나의 주재료와 청·녹·홍·황·백·흑·갈색 중에서 다른 색깔의 두세 가지 부재료를 섞어 넣고 적절한 조리법을 이용하여 보기에도 먹음직스러울 뿐 아니라 눈도 즐겁게 만든다. 향 역시 파·생강·마늘·술·팔각·계피·후추·참기름·표고버섯 등의 향신료를 적당히 첨가하여 요리의 풍부한 맛과 향을 살려 식도락가의 입맛을 즐겁게 한다. 조리법으로는 전煎, 지지기, 초炒, 볶기, 소燒, 굽기, 증蒸, 찌기, 작炸, 튀기기, 폭爆, 데치기, 돈燉, 삶기 등이 있다. 이러한 조리법을 이용하여 재료의 맛과 향을 그대로 유지하면서 간장·설탕·식초·향신료·고춧가루 등 조미료를 적당량 사용하여 짜고 달고 시고 매운 여러 가지 맛을 낸다. 여기에 가지·무·오이 등을 여러 가지 모양으로 잘라 장식하고 예쁜 도자기 접시에 담아내면 하나의 예술 작품이 눈앞에 펼쳐진다.

미국인은 음식을 접할 때 열량과 콜레스테롤 함량을 계산하면서 건강하고 매력적인 몸매를 유지한다. 일본인은 보신을 위해 각종 보양 식품에 열광하면서 젊게 살고 싶어 한다. 이에 비해 중국인의 건강에 관한 관념은 '의식동원醫食同源'이라는 말에 여실히 드러나 있다. 중국인은 건강을 지키고 질병을 치료하는 효능이 음식에 있다고 굳게 믿고 있다. 이 때문에 건강에 좋다는 수많은 식용 식물이 중국인의 일상 음식이 되었다.

논어에 나오는 "곡식은 곱게 빻고 고기는 가늘게 썰어야 한다食不厭精 膾不厭細"에서도 알 수 있듯이, 중국인은 재료의 양과 배합, 세심하고 정교한 조리, 고기와 채소의 궁합 등을 매우 중시한다. 요리를 만들건 탕을 끓이건 각종 영양소의 비율을 적절히 맞춰 최상의 효능을 발휘할 수 있도록 한다. 식사량에 관련해서 대대로 내려오는 장수 비결은 70~80퍼센트만 배부르게 먹는 것이다.

　중국인의 식사 예절에는 전통적인 규범이 있다. 예를 들면 반드시 앉아서 식사해야 하고, 남녀노소가 동석할 때는 어른이 먼저 자리에 앉아야 하며, 요리를 먹을 때는 젓가락으로 집어서 먹어야 한다. 탕을 마실 때는 반드시 중국식 숟가락으로 떠먹어야 하고, 밥을 먹을 때 큰소리를 내서는 안 된다. 이러한 전통적인 식사 예절은 오늘날 큰 변화가 생겼다. 그중 가장 큰 변화는 "식사할 때는 말을 하지 않는다"라는 식사 예절을 지키지 않게 된 것이다. 요즘은 중

슈퍼마켓에서 신선한 제철 채소를 판매하고 있다.

"연년유여 희경풍수連蓮有餘 喜慶豐收"라는 제목의 설맞이 그림. 새해를 맞이하는 중국인의 소망과 염원을 보여준다.

국인이 함께 식사할 때면 주위가 시끌시끌하다. 입에 밥을 가득 넣고도 큰소리로 웃고 이야기한다. 이는 현대 중국인이 식사를 중요한 사교의 기회로 여기기 때문이다. 이 같은 편안한 시간에 가볍고 즐거운 화제에 대해 이야기하면서 서로 이해를 도모할 필요가 있기 때문이다.

최근 상공업이 빠르게 발전하면서 식단에 따라 요리를 주문하는 전통적인 요식 서비스 외에도 중국식 패스트푸드가 탄생하였다. 또한 세계 각국의 요리도 중국의 여러 대도시에서 선보이고 있다. 이탈리아의 피자, 프랑스식 코스 요리, 일본요리, 미국의 햄버

거, 독일의 맥주, 브라질식 구운 고기, 인도 카레, 스위스 치즈 등 그야말로 없는 것이 없다고 해도 과언이 아니다. 정말 "먹는 것은 중국에서"라는 말을 더욱더 실감나게 한다.

【음식】

飮食

전통적인 먹을거리

세계 각지의 식습관이 서로 다른 이유는 여러 가지 환경적인 제약과 인구, 생산성 수준 등 다양한 요인이 복합적으로 작용하기 때문이라고 한다. 육식 요리는 인구 밀도가 비교적 낮고 땅이 농사 짓기에 적합하지 않은 곳에서 나타났다. 농사를 지을 수 없어 육식에 의존할 수밖에 없었는데, 이는 가축을 길러 내다팔거나 교환하여 곡식 등 식량을 구하는 경제 활동을 촉진시켰을 것이다.

　이와 반대로 육식의 비중은 작고, 곡식이나 식물의 뿌리·줄기·잎·꽃 위주의 식습관을 가진 곳은 인구가 많고, 경작지 면적이 제한적이며, 먹을거리, 특히 육류 공급이 부족한 환경과 관련 있다. 이 지역의 먹을거리는 자급자족적인 생산 방식에 의존하였다. 식습관은 영원히 변하지 않는 것도 아니고, 좋다 나쁘다 하는 우열을 가릴 수 없다. 전 세계적인 인구의 이동이 이루어지면서 한곳에서만 맛볼 수 있던 전통 요리가 더 많은 사람들에게 받아들여질 수 있었고, 고유의 재료와 조리법에서 벗어나 더 다양한 재료와 조리

2,500년 전, 남방의 산악 지대에서 살던 사람들은 울퉁불퉁한 산을 논으로 개간하는 기술을 발명하였다. 계곡물을 끌어다 관개 용수로 사용했고, 계단식 논에서 쌀농사를 지었다.

법이 발달하였다. 사람들은 역사가 유구한 중국의 요리에서 인류가 발전해온 자취를 찾을 수 있을 것이다.

중국은 세계 농업의 발원지 가운데 하나이고, 일찍이 물을 끌어다 농사를 짓고 수로를 만들어 사용하였다. 또한 산비탈을 이용하여 관개 농업을 발전시키는 등 여러 가지 경작 방법을 발명해냈다. 기원전 5400여 년 전 황하 유역에서는 조가 재배되었고, 토기를 이용하여 곡식을 저장했다. 기원전 4800여 년에는 양자강 유역에서 벼를 재배하였다. 농경 사회에 들어오면서 중국인은 곡식을 주식으로 하고, 육류를 부식으로 하여 지금까지 이어져 오고 있다.

중국의 가장 오래된 의서 『황제내경黃帝內經』은 중국인의 식사 구조를 다음과 같이 설명하고 있다. "다섯 가지 곡식으로 몸을 보양하고, 다섯 가지 과일로 보충하며, 다섯 가지 가축으로 기를 북돋우고, 다섯 가지 채소로 보충한다五谷爲養 五果爲助 五畜爲益 五菜爲充." 곡식·과일·채소는 모두 식물이다.

식량 작물을 옛날에는 '오곡' '육곡'이라고 불렀다. 여기에는 기장·조·보리밀 포함·콩·마·벼 등 여섯 가지가 있다. 기장과 조는 중국이 원산지로, 선사 시대에 유럽으로 전해졌지만 벼와 보리는 원산지가 중국이 아니다. 벼의 원산지는 인도와 동남아시아이고, 중국 신석기 초기의 문화 유적지에서 세계 최초로 쌀이 재배되었다는 흔적이 발견되었다. 원산지는 중앙아시아와 서아시아로서 신석기 시대에 서북 지방을 통해 중국으로 전해졌다. 수수는 중국이 원산지인데 1세기에 인도와 페르시아이란로 전해졌다.

중국인은 춘절이 되면 '오곡풍등五谷豊登'이라는 말로 새해의 국태민안을 기원했다. "백성은 먹을 것을 하늘로 생각한다民以食爲天"라고 여기는 중국에서 예로부터 식량 생산이 얼마나 중요한 의미가 있었는지 엿볼 수 있다.

오랫동안 토지를 경작했던 경험을 통해 중국인은 서양인이 알지 못했던 식용 식물을 수없이 많이 이용해왔고, 인류에게 필요한

남방 지역의 농촌에서 지붕에 곡식을 말리는 것을 흔히 볼 수 있다.

영양분의 대부분을 그 식물에서 얻을 수 있음을 알게 되었다. 중국인이 주로 먹는 콩류·쌀·기장·조 등은 단백질, 지방, 탄수화물이 풍부하다.

곡식으로 만든 식품도 다양하다. 중국 북방 사람의 전통 주식은 밀이었는데, 식탁에는 각종 밀가루로 만든 요리가 올라온다. 밀을 갈아 만든 밀가루로 만두饅頭, 소를 넣지 않은 찐빵, 밀전병餠, 국수, 포자

국수는 햇볕에 말리면 저장하기 좋다.

包子, 소를 넣은 찐빵, **교자**餃子, 소를 넣은 만두, **혼돈**餛飩, 물만두 등을 만든다. 쌀을 주식으로 하는 남방 지역의 식탁에는 쌀밥 외에도 미선米線, 쌀가루로 굵게 만든 국수, **미분**米粉, 쌀국수, **미고**米糕, 쌀떡, **마자**麻糍, 찹쌀떡, **탕원**湯圓, 새알심 등 쌀로 만든 음식을 쉽게 볼 수 있다. 쌀은 남쪽에서 북쪽으로, 보리는 서쪽에서 동쪽으로 전해졌고 중국인의 식습관 형성에 지대한 영향을 미쳤다.

밀전병은 비교적 일찍 출현한 밀가루 음식이다. 최초의 조리법은 곡식의 낟알을 빻아 가루로 만들고 물을 넣어 반죽하여 끓는 물에 삶는 것이었다. 후에 찌고, 굽고, 볶고, 부치거나 튀기는 조리법이 속속 생겨났다. 전병은 가짓수가 가장 많은 밀가루 음식이다. 크고 작고 두껍고 얇은 것에서부터 시작하여 소가 있거나 없는 것도 있으며 소의 종류도 수십 가지다. 소가 없는 것은 한 겹으로 된 것과 여러 겹으로 만드는 것이 있고, 솜씨 좋은 조리사는 10여 겹으로 된, 종잇장처럼 얇은 전병을 만들 수 있다. 소병燒餅, 구운 빵은 가장 대중화된 밀가루 음식으로 남북 각지에서 사랑받고 있다.

국수 또한 흔한 전통 밀가루 음식으로, 최초의 조리법은 끓는 물에 끓이는 것이었다. 송대 이후에 각종 고기와 채소를 넣은 '요두澆頭, 밥 또는 국수 따위에 얹는 갖은 양념을 한 요리'로 만들어 먹는 조리법이 생겨났다. 국수는 중국의 절기별 풍습과 매우 밀접한 관련이 있다. 북방에는 "2월이 용대두二月二 龍擡頭, 음력 2월 2일 용이 머리를 쳐든다"라는 말이 있다.

이날에는 농사를 위해 좋은 날씨를 기원하며 용수면龍鬚麵을 먹는 풍습이 있고, 남방의 일부 지역에서는 정월 초에는 '신년면新年麵'을 먹는다. 그 밖에도 생일에는 장수면長壽麵을 먹고, 아이가 태어난 지 한 달이 되면 '탕면연湯麵宴'을 열고 '탕면'을 먹는다.

국수는 간단해 보이지만 조리는 간단하지 않다. 간擀. 얇은 반죽, 차搓. 비벼서 반죽, 절切. 칼로 자르기, 신抻. 반죽을 손으로 늘리기, 날捏. 손으로 빚기, 권卷. 반죽을 얇게 밀어 한쪽에 기름과 소금을 발라 둥글게 말기, 모압模壓. 틀에 반죽을 넣어 찍어내기, 도

삭刀削, 칼로 껍질 벗기듯 반죽을 자르기 등 여러 가지 조리법이 있다.

중국인은 3세기경 밀가루를 발효시키는 기술을 개발하고 발효를 쉽게 해주는 미탕米湯, 밥 지을 때 나오는 물을 '발효모'로 이용하여 밀가루를 발효시켰다. 그 후 소금을 이용하여 발효된 밀가루 반죽을 중화시키기도 했다. 찜통이나 부칠 때 사용하는 솥 등 여러 가지 조리 기구를 발명하여 사용했을 뿐 아니라 발효 같은 기법이 발달해 밀가루 요리의 종류를 다양하고 풍부하게 했다. 만두 또한 발효 기술이 등장한 후 가장 대중화된 밀가루 음식이다.

쌀밥은 보편화된 쌀을 이용한 음식으로, 남방 사람에게 가장 중요한 주식이다. 하지만 전통적인 쌀을 이용한 중국의 대표적인 음식은 뭐니 뭐니 해도 '죽粥'이다. 죽은 수천 년 동안 중국인에게 사랑받아왔고, 각지의 죽을 먹는 풍속이나 종류도 다양하다. 재료만 해도 곡식, 채소, 과일, 꽃, 약초, 고기 등 여섯 가지로 나눌 수 있다. 게다가 갱羹, 고기와 나물을 넣어 끓인 국물 있는 음식을 이용하여 밥을 짓는 조리법도 오래전부터 있었다.

50년 전까지만 해도 쌀과 밀가루는 귀한 '입쌀'이었고, 대부분의 중국인에게는 끼니마다 먹을 수 있는 것이 아니었다. 이에 반해 옥수수·조·수수쌀·메밀·귀리·감자·고구마·콩 등이 중국인의 진정한 주식이었다.

잡곡 가운데 대두大豆의 역할이 가장 컸다. 대두 재배는 서주 시

중국은 감귤의 주요 원산지다. 호남·사천·광서·운남·강서·티베트 등지에서 원시 야생 형태의 감귤이 난다.

대에 처음 시작되었다. 원래는 농민들의 식량이었고, 서한 시대에 두부가 출현하면서 관료·문인 들도 접하게 된 음식이다. 현재 각종 두부 제품과 두유 식품은 수백 가지가 넘는다. 중국인이 재배하는 대두와 대두 식품은 인류에게 중요한 식물 단백질 공급원과 여러 가지 우수한 양념을 제공했다.

두부는 주식과 부식 사이에 끼어 있었지만, 후대에 이르러 여러 가지 요리로 발전되어 중국의 전형적인 가정식 요리가 되었다. 서양인이 많이 사용하는 버터나 동물성 지방과는 달리 중국인은 대두유, 종유種油, 씨앗에서 짠 기름, 땅콩기름, 옥수수기름 등 식물성 기름을 사용하였다.

　선진 시기의 중국 고서에서 자주 나오는 과일은 복숭아·자두·대추이고 그다음이 배·매실·은행·개암·감·박·산사자·오디 등이다. 여기에 구기·능금·앵두가 간혹 보인다. 중국 북방에서 나고 자라는 온대 과일이거나 선사 시대에 중국으로 들어온 것이다. 그중 복숭아·자두·대추·밤은 제사를 지낼 때나 선물용으로 쓰였다. 복숭아는 기원전 1~2세기경 중국의 서북 지역에서 중앙아시아를 거쳐 페르시아로 전해졌다. 그 후 페르시아를 통해 그리스·유럽의 각국으로 퍼져나갔다. 즉 서양인이 생각하는 것처럼 페르시아가 원산지가 아니다. 중국 남쪽 지역이 원산지인 과일로서 귤·유자·감자柑子, 홍귤나무의 열매·등자橙子, 시고 쌉쌀한 등자나무의 열매·여지荔枝, 열대과일·용안龍眼, 아열대성 과일·능금·비파枇杷, 따뜻한 곳에서 자라는 상록성 과수·양매楊梅, 소귀나무 열매 등 역시 여러 지역 사람들이 먹고 있다.

　수렵 생활에서 농경 사회로 전환되는 과정에서 채소의 재배 기술이 그리 발달하지 않아 육류가 고대 중국인의 중요한 부식이었다. 농경 사회 시기의 중국인은 소·양·돼지를 '삼생三牲, 제사에 산 제물로 바치는 세 가지 짐승'으로 여겨, 제사나 연회를 열 때 삼생을 모두 갖추는 것을 최고의 예로 생각했다. 그리고 말·소·양·닭·개·돼지를 합해 '육축六畜, 집에서 기르는 대표적인 여섯 가지 가축'이라 불렀다.

쌀은 중국인의 주식이다. 대흥大興 안령安嶺에서 장강 유역까지, 운남·귀주 고원에서 히말라야 산기슭까지 쌀이 나는 곳에서는 밥상에서, 종교 행사에서, 결혼식이나 잔치에서 그림과 노래에 쌀이 등장하고, 쌀의 재배는 그곳의 경관을 바꾸어 놓았다.

높은 인구 밀도와 환경의 제약 등으로 말·소 등은 농업 생산의 중요한 도구로 이용되었기 때문에 식용을 위해 사육하지 않았다. 이 때문에 송대에 이르기까지 중국인은 소고기를 귀한 음식으로 여겼다. 이에 비해 양은 식용으로 쓰였다. 특히 새끼 양고기를 상품으로 여긴다. '아름답다'는 뜻인 '미美'의 글자 모양과 원뜻 역시 양과 관련 있다.

돼지와 닭은 일찍부터 길들여 식용한 동물이다. 일찍부터 가축의 양식업이 발달되었기 때문에 알류 역시 중국인이 자주 먹는 동

맷돌은 곡식을 가공하는 주요 도구이다. 1950년 이전에는 많은 지역에서 여자가 시집갈 때 혼수품으로 맷돌을 가져갔다.

물성 식품이었다. 중국 농촌의 보편적인 특색이 돼지^{이슬람교를 믿는 민족은 제외}를 기르는 것이고, 돼지고기는 중국에서 흔히 볼 수 있는 육류 식품이다. 새끼 양고기와 마찬가지로 고대 중국인은 새끼 돼지고기 맛이 가장 좋다고 여겼다.

고대 중국에서 개는 언제든 잡아서 먹을 수 있는 가축이었다. 돼지나 닭만큼 보편적으로 먹지는 않았지만, 전문적으로 개를 도살하는 직업도 있었다. 중국인은 달걀 부화기, 사육 상자를 비롯하여 가금류 사육에 쓰이는 여러 가지 도구를 발명하였다.

명절을 쇠기 위해 돼지다리를 짊어지고 귀가하는 농민

　중국인은 선진 시대부터 곡물 위주의 식사를 하였고 고기보다는 곡식을 많이 먹었다. 채소 재배 기술이 발달하면서 채소 역시 더는 부자들만 먹을 수 있는 음식이 아니었다. 중국인이 먹는 채소 종류는 세계에서 가장 많을 것이다. 배추 · 무 · 가지 · 오이 · 강낭콩 · 부추 · 동과冬瓜 · 버섯 · 죽순 · 각종 콩의 꼬투리, 그리고 소량으로 재배되던 각종 산나물 등을 밥반찬으로 함께 먹었다. 이 때문에 조리 방법이 계속해서 발달하였다. 각종 채소의 뿌리 · 줄기 · 잎, 땅콩은 익혀서 먹고, 말려서 저장하거나 절여서 반찬으로 만들어 먹는 등 맛과 향이 매우 풍부하게 조리하였다.

동물성 음식 위주의 식사 구조에 견주면 중국인은 곡류를 주식으로 하고 어류·육류·알류·채소를 부식으로 한다. 이러한 식습관은 영양학적으로 볼 때 영양과 건강에 좋을 뿐만 아니라 전 세계적으로 불고 있는 환경 보호 의식과도 맞아떨어진다.

외래 식용종과 식품

통계에 따르면 지구상의 70,000~80,000여 가지 식물을 먹을 수 있고 그중 대규모로 재배되는 것은 150여 가지라고 한다. 지금까지 인류가 광범위하게 이용하는 것은 20여 가지에 지나지 않지만 세계 식량 총 생산량의 90퍼센트를 차지한다. 사육하고 재배할 수 있는 동식물이 세계 농업 생산의 기초가 되었다. 다른 나라들과 마찬가지로 식용종과 식품 들은 중국에서도 끊임없이 교류되고 전파되어 왔고, 식단을 다양하게 했을 뿐만 아니라 식습관에도 많은 변화를 가져와 중국인의 일상적인 식생활을 풍부하게 했다.

선진 시기에 중국으로 들어온 소량의 식용 식품 외에 2,000여 년 전 국력이 강성했던 서한 시기에 수많은 먹을거리가 대규모로 전파되었다. 포도, 석류, 검은깨^{참깨}, 잠두콩^{누에콩}, 호두, 오이, 수박, 참외, 당근, 회향^{茴香}, 미나리, 고수 등 신강·중앙아시아·서아시아 등지가 원산지인 식용종이 실크로드를 통해 한족이 거주하던 중원 지역으로 전해졌다.

중국인이 고추를 먹기 시작한 지는 300여 년에 불과하지만 보편적으로 매운 음식을 많이 먹는다.

① 커피 원두. 중국은 1884년부터 커피를 재배했다. 주요 커피 생산지는 운남성이다. ② 카푸치노
③ 여러 가지 서양식 쿠키 ④ 유행에 앞장서는 잡지에서 외국요리를 만들어 먹는 방법을 소개하고 있다.

이 시기부터 중국과 다른 나라와의 교류가 활발해지고, 중국에
서 나지 않던 수많은 식품들이 점차 중국인의 식탁에 올라왔다.

아메리카가 원산지인 옥수수는 유럽, 아프리카, 서아시아를 거
쳐 중국 북방 지역으로 전해졌고, 주식과 채소 중간쯤 되는 감자
는 동남쪽 연해 지역을 통해 들어왔다. 처음에는 복건과 절강 일대

에서만 재배되던 것이 중국 각지로 퍼져갔다. 해바라기씨는 17세기 아메리카에서 중국으로 들어왔고 200년 후 기름을 짜면서 기름 종류로 자리 잡았다. 콩류 가운데 녹두는 인도가 원산지다. 북송北宋 때 중국으로 들어왔다. 시금치는 당 태종 때 페르시아에서 들어왔으며, 인도의 가지는 남북조 시대에 불교와 함께 중국으로 들어왔다. 이 과정에서 중국의 일부 지방에서 나던 땅콩·마늘·여주·완두 등은 외부에서 들어온 우수한 품종에게 자리를 내주었다.

일찍이 중국에 들어온 과일은 서아시아포도, 중앙아시아초기의 사과, 지중해올리브, 인도일부 감귤류, 동남아시아야자와 바나나 등에서 들어왔다. 파인애플·토마토·구아바·딸기·사과·두리안·포도·유자 등 현대에 들어 중국인이 많이 먹는 과일은 근대에 동남아시아와 아메리카, 오세아니아에서 유입되었다.

고추는 중국에서 가장 보편화된 음식이자 조미료다. 중국인이 고추를 먹게 된 역사는 300여 년도 채 되지 않았다. 기록에 따르면 고추는 명대 말기에 해상을 통해 아메리카의 페루·멕시코에서 중국으로 들어왔다고 한다.

설탕은 가장 중요한 조미료다. 당 태종 시기에 중앙아시아로 사신을 파견하여 설탕을 조리는 기술을 배워오게 한 후부터 생산되기 시작하였다. 중국인이 귀한 음식으로 여기는 상어 지느러미와 제비집은 14세기 초 동남아시아에서 들어왔고, 청나라 때부터 사

아이스크림을 먹고 있는 아이들

좌 중국의 패스트푸드 산업은 해마다 20퍼센트의 속도로 성장하였다. **우** 스타벅스 커피는 서양식 원두커피와 각종 카푸치노 커피를 대표적인 차 문화 국가인 중국 시장에 들여왔다.

치품이 되었다. 현대에 서양의 문화가 광범위하게 전해지고 커피·탄산수·과즙·각종 술이 들어오면서 중국인에게도 더는 낯설지 않다.

외국의 요리가 중국으로 들어온 것은 당나라 때이다. 중국과 서방의 무역이 잦아지면서 아라비아 사람이 가져온 식품은 중국의 청진淸眞, 할랄 음식 요리를 만들어내 중국의 식단과 조리 기술을 풍부하게 했다. 근대에는 서양요리가 중국으로 들어왔다. 무역이 이루

독특한 건축 양식의 음식점은 현 시대가 요구하는 음식 문화의 개성을 잘 보여준다.

각종 커피 기구

어지는 항구나 해안 도시에는 다양한 맛의 서양식 레스토랑이 생
겨났고 중국과 서양의 조리 기술이 한데 어우러진 조리 기술도 탄
생하였다. 이러한 특징이 가장 두드러지는 요리가 중국의 4대 요리
중 하나인 광동요리다.

　최근 경제·문화 교류가 활발해지면서 우수한 동식물 품종들
이 중국의 수입에서 주요한 부분을 차지하게 되었다. 또한 갈수록
많은 외국 식품이 중국의 일반 가정으로 파고들었다. 중국 정부는
다른 국가들과 마찬가지로 외래종의 대량 유입이 토종 생물의 다양
성을 위협하지 않을까 주시하고 있으며, 국가 생태환경의 안전을
보호하기 위한 관련 법률을 제정하고 있다.

그릇, 술잔, 젓가락

인류는 진화하면서 상고 시대에 날것을 그대로 먹던 습성에서부터 불을 이용하여 요리해서 먹게 되었고, 손으로 음식을 집어 먹던 것을 젓가락과 숟가락, 칼과 포크 등을 이용하여 식사하게 되었다. 이처럼 음식과 식기의 발전은 원시시대부터 현대에 이르기까지 인류의 진화 과정을 그대로 보여준다.

중국인이 사용하는 조리 기구와 식기는 조리 기술이나 식습관과 밀접한 관련이 있다. 중국의 식기는 석기 → 토기 → 청동기 → 철기의 과정을 거쳤고, 지금까지도 쓰이는 동시에 세계적으로도 유명한 것이 바로 'Made in China'인 사기그릇이다. 생산성이 높아지면서 식기의 재질이 변할 뿐만 아니라 크기 · 정밀도 · 두께도 점차 변화하였다.

중국 최초의 조리 기구로는 토기인 정鼎, 역鬲, 확鑊, 증甑, 언甗 등이 있다. 그 후 더 정교하게 만들어지고 크기가 더 큰 청동기와 철기가 속속 출현하였다. 이 조리 기구 가운데 일부는 그릇으로도 사용되었다.

'정鼎'은 고기를 삶거나 담는 데 사용하였다. 부피가 크고, 원형에 발이 세 개 달렸고, 사각형에 발이 네 개 달린 것도 있다. 발 사이에 땔감을 놓고 불을 붙여 가열하였다. 윗부분에는 양쪽에 똑바로 선 귀가 달려 있어 들거나 놓을 때 잡을 수 있다. 청동기 시대에 '정'은 기능적인 부분에서 많은 변화가 있었고, 한때는 중요한 제사를 지내는 제기로 사용되기도 하였다. '역鬲'은 죽을 끓이던 토기

신석기 시대부터 토기로 만든 정鼎은 음식을 요리하고 먹을 때 사용하는 그릇이었다. 하夏 나라 말기기원전 18세기~기원전 16세기에 이르러 청동으로 만든 정은 음식 보관에 사용된 것뿐만 아니라, 제를 지낼 때 고기를 담는 그릇으로도 사용되었다. 사진은 현존하는 최고의 청동정 으로, 높이 18.5센티미터, 아가리의 지름 16.1센티미터

궤^簋는 기장·조·쌀·수수 등으로 만든 밥을 담는 그릇이다. 사진의 청동궤는 기원전 11세기에 만들어졌으며, 높이 14.7센티미터, 아가리의 지름 18.4센티미터

언^甗은 음식을 찔 때 사용하는 도구다. 사진의 청동언은 기원전 13세기~기원전 11세기에 만들어진 것으로, 높이 45.4센티미터, 아가리의 지름 25.5센티미터

로 외형은 '정'과 비슷하지만 부피가 작고, 발 안쪽이 비었고 몸통과 연결되어 음식이 더 빠르게 열을 받을 수 있게 했다. '확鑊'은 고기를 삶을 때만 사용하는 솥으로 '정'보다는 더 진화되어 둥근 몸통으로 발이 없어 후대의 '과鍋, 냄비'와 더 비슷하다. '증甑'은 음식을 찔 때 사용한다. 아가리의 가장자리가 밖으로 벌어졌고 귀가 달렸다. 바닥은 평평하고 증기가 통하도록 구멍이 여러 개 있다. 개중에는 바닥이 없고 별도로 그물이나 대발이 있어 사용할 때 '역' 위에 놓고 '역'에 물을 넣어 찌는 것도 있다. '증'과 '역'이 하나로 합쳐진 것이 '언甗'이다. 흥미로운 점은 신석기 말기에 이미 토기로 된 '증'이 있었고, 상나라기원전 1600년경~기원전 1046년 이후에 청동 제품이 출현했다는 것이다.

음식을 담는 용기도 종류에 따라 쓰임새가 다르다. 현존하는 문물 가운데 지금과 용도가 비슷한 반盤, 큰 접시과 완碗, 사발 외에 궤簋, 기장·피를 담는 제기, 보簠, 겉은 네모지고 안은 둥근 제기, 두豆, 나무로 만든 굽이 높은 제기, 단簞, 대오리로 결어 만든 작은 그릇, 배杯, 잔 등이 있다.

'궤簋'는 큰 사발과 비슷한데 아가리가 둥글고 몸통이 크다. 아래는 둥글거나 사각형 받침대가 있다. 상단에 두 개나 네 개의 귀가 달린 것도 있다. 이러한 용기들은 곡식을 담아두는 데 사용되었지만, 후에 요리를 담게 되었고 제기로도 사용되었다. 옛사람들은 식사할 때 먼저 '증'에서 밥을 떠서 '궤'에 담아 먹었다. '보簠'의 용도는 궤와 비슷하고 생김새는 높은 발이 달린 '반盤'과 닮았지만 대부분 뚜껑이 있었다. '두豆'는 아래에 손잡이가 있다는 것이 다르다. 토기로 된 '두'는 신석기 말엽에 출현하였고, 상대商代 이후에 나무로 된 칠기 '두'와 청동으로 된 '두'가 등장하였다. '두'는 식기일 뿐만 아니라 계량기로도 쓰였다. '단簞'은 대나무나 갈대로 만들어 밥을 담는 식기다. '배杯'의 모양은 후대의 배杯와 별 차이가 없고 국이나 탕을 담았다. 고기나 밥을 먹을 때는 '비匕'를 사용하였다. 차이는 고기를 먹을 때 고기를 '확鑊'에서 건져내는 '비'의 크기가 더 컸고, 밥을 먹을 때 '증'에서 밥을 푸는 '비'는 좀 작았다. 기능면에서는 후대의 '작匙, 국자'과 쓰임새가 같다.

중국의 양주釀酒, 술을 빚어서 담그는 역사는 매우 오래되었다. 후대에는 상대의 청동 주기酒器가 많이 출토되었다. 이로써 당시의 음주 문화가 얼마나 성행했는지 알 수 있다. 준尊·호壺·유卣·뇌罍·부缶 등은 술을 담는 그릇이었고, 작爵·고觚·치觶·배杯·잔盞은 술잔이다. 술은 뇌罍처럼 큰 항아리에 넣어

명나라 연잎 모양의 옥그릇玉碗.
높이 5.3센티미터, 구경 9.4센티미터

보온병은 중국인이 여전히 애용한다.

두고, 마실 때는 호壺, 준尊에 부어서 좌석 근처에 놓아두고, 작勺을 이용하여 작爵·고觚·치觶 등에 따라 마셨다. 정교한 청동 조리 기구와 식기·물잔·주기 등은 선조들이 창조한 찬란한 문명이며, 중국의 음식 문화 역사가 얼마나 유구한지 보여주는 증거이기도 하다.

중국 고대 과학 기술의 발전을 여실히 보여주는 화약·나침반·활판인쇄술 등 위대한 발명품이 등장하면서 중국의 도자기 공예는 송대에 이르러 비약적으로 발전했다. 청자靑瓷, 백자白瓷, 흑자黑

瓷는 말할 것도 없고, 유약을 이용한 채색 자기도 크게 발전하여 조형·무늬·유약 등 각 부분에서 새로운 시도뿐 아니라 발명도 많이 이루어졌다. 정교한 도자로 된 식기와 주기는 '곡식은 곱게 빻아야 한다食不厭精'라는 전통적인 음식 문화와 함께 중국인이 자랑스러워하고 뿌듯해하는 귀중한 유산이라 할 수 있다.

중국 음식 문화의 가장 큰 특징은 누구나 자연스럽게 떠올릴 수 있듯이 젓가락을 이용한 식사일 것이다. 인류가 밥을 먹을 때 사용하는 도구는 크게 세 가지인데 손가락, 포크, 젓가락이다. 손으로 밥을 먹는 지역은 아프리카·중동·인도네시아·인도차이나 반도의 일부 지역이고, 유럽과 북아메리카 사람은 포크로 식사한다. 중국인처럼 젓가락으로 식사하는 사람은 한국·일본·베트남·말레이시아·싱가포르 등 동남아시아 지역 사람이다. 화교의 영향으로 젓가락 사용이 유행하고 있기도 하다.

중국에는 젓가락의 기원에 관한 전설이 전해진다. 요순堯舜 시대에 홍수가 범람하고 재해가 끊

청나라 가경嘉慶, 1796~1820년 황제가 사용한 구리 손잡이로 된 옥주전자. 높이 10.5센티미터, 구경 8.5센티미터, 손잡이 높이 10.4센티미터

이지 않아 우禹는 치수를 하라는 명을 받았다. 어느 날 '우'는 솥을 걸고 고기를 삶고 있었는데, 고기를 다 삶고 나서 솥이 식은 후에야 먹을 수 있었다. '우'는 시간을 낭비하기 싫어 나뭇가지 두 개를 잘라 끓는 물속에서 고기를 건져올렸다. 수하들은 그가 손도 데지 않고 손에 기름도 묻히지 않고 고기를 먹는 것을 보고 따라했다. 이때부터 젓가락이 등장하였다. '우'가 젓가락을 발명했다는 설은 영웅에 대한 고대인의 찬미에서 비롯된 것이고, 젓가락이 탄생한 계기는 뜨거운 음식에 손을 데지 않게 하기 위해서일 것이다.

기록에 따르면 3,000여 년 이전의 상대商代에 이미 젓가락으로 식사했다고 한다. 현존하는 가장 오래된 젓가락은 은허殷墟, 상대 후기의 도성 유적지에서 출토된 구리로 된 젓가락 한 쌍이다. 한대漢代, 기원전 206~기원후 220년에 이르러 중국인 사이에서 젓가락 사용은 보편화되었다.

젓가락이라는 위대한 발명품은 채소의 뿌리·줄기·잎을 많이 먹는 중국인의 식습관과 관련 있을 것이다. 젓가락이 발명되기 전에 고기를 먹을 때는 비匕·도刀·조俎, 도마를 사용하였다. '도'로 고기를 썬 다음에 손으로 집어 먹었다. 그래서 옛날 사람들은 밥을 먹기 전에 손을 씻는 습관이 있었다. 중국의 요리와 간식을 먹을 때 젓가락이 없어서는 안 된다. 예를 들어 양고기 샤부샤부涮羊肉, 국수長麵條, 녹두묵凉粉 등은 젓가락이 있어서 쉽고 편하게 먹을 수 있다.

나이프나 포크에 비해 젓가락은 사용하기 쉽지 않다. 두 개의

양고기 샤부샤부처럼 중국요리와 과자는 젓가락이 반드시 필요하다.

가는 막대는 연결되어 있지 않고, 엄지·식지·중지를 이용하여 음식물을 골라내고, 떼어내고, 집고, 버무려야 한다. 하지만 젓가락을 이용하면 국이나 탕 같은 유동식 외에는 어떤 음식물도 잡을 수 있다. 젓가락으로 음식물을 집으면 어깨·팔·손목·손가락 등 80여 개 관절과 50여 개 근육을 움직이게 하여 두뇌와 손의 발달에 좋은 효과가 있다는 연구 결과도 있다. 서양 사람들이 동양의 젓가락 사용을 하나의 예술이라 칭송하며, 중국의 탁구 실력이 뛰어난 것도

중국인은 끝이 뾰족한 일본식 젓가락을 많이 사용한다.

젓가락을 사용하기 때문이라고 말하기도 한다.

하지만 젓가락은 나이프와 포크나 손으로 식사를 하는 것과 비교하면 약점이 있다. 땅콩·고기 완자·비둘기 알처럼 둥글거나 미끄러운 음식물은 잡기 힘들다는 점이다. 젓가락질이 서툰 사람은 이런 음식을 집을 때는 매우 난감해질 수 있다.

서양인은 음식을 먹을 때 격식을 매우 중시한다. 한 손에는 나이프를 다른 손에는 포크를 잡고 양팔을 활처럼 벌린다. 중국인이 중국요리를 먹을 때도 규칙이 있다. 젓가락으로 밥을 먹고 숟가락으로 탕을 떠먹지만 한 손만 쓰고, 양식을 먹을 때처럼 두 팔을 활처럼 벌리거나 두 손을 모으지 않는다.

젓가락으로 밥을 먹을 때는 간단하지 않은 격식이 있다. 일반적으로 오른손으로 젓가락을 잡는다. 옛날에는 오른손으로 젓가락을 잡는 준칙도 있었다. 밥을 다 먹은 후 젓가락을 빈 그릇 중간에 잘 놓아둔다. 연회석상에서 식사를 잠시 쉴 때는 젓가락을 밥그릇 가까이에 있는 탁자 위에 놓을 수 있다. 젓가락을 밥그릇에 세워서 놓아서는 안 된다. 고대 중국인은 음식으로 선조에게 제사를 지내는 풍속이 있어, 제사 음식을 담은 그릇 위에 젓가락을 세워서 꽂아 놓기 때문이다.

젓가락으로 음식물을 휘저어 뒤섞거나 찌르면 안 된다. 다른 사람이 음식물을 집을 때 팔이 교차되게 내밀어서 음식물을 집어서도 안 된다. 또 젓가락으로 빈 그릇을 두드려서는 안 되고, 길이가 다른 젓가락이나 젓가락 한 개만으로 밥을 먹어서는 안 된다. 젓가락을 이쑤시개로 쓰면 안 된다.

중국인의 일상생활 도구로서 젓가락의 소재는 대나무 · 나무 · 금 · 은 · 동 · 철 · 옥 · 상아 · 무소뿔 등 다양하며, 다른 재질의 젓가락도 많다. 고대 중국의 제왕들은 은으로 만든 젓가락을 많이 사용하였다. 은에 독이 묻으면 검게 변해 음식이 안전한지 확인할 수 있기 때문이라고 한다.

젓가락은 중국인의 식탁에서 가장 충실한 '시종'이다. 또한 소장 가치 있는 중국 민족 문화의 특색이 담긴 공예품이기도 하다. 이 때문에 여러 지역에서는 엄선된 재료와 독특한 '명품 젓가락'을 생산하고 있다. 젓가락의 독특한 예술적 가치 또한 국내외 여행객과 수집가 들의 사랑을 받고 있다.

상해 민간 수집가인 람령藍翎 씨는 독특한 통찰력으로 중국 최초로 젓가락을 전문적으로 전시하는 가정 박물관을 열었다. 800여 종, 1,200쌍의 각기 다른 모양과 색상의 젓가락을 수집하여 전시하고 있다. 그중 호텔 전용 젓가락, 관광지 기념 젓가락, 몽골 젓가락 춤에 쓰는 젓가락, 고대인이 병기로 사용했던 쇠로 된 젓가락, 새를 기를 때 쓰는 젓가락 등이 전시되어 있다. 인도네시아의 한 화교는 908종의 젓가락을 수집하였고, 그중에는 중국의 어느 황후가 사용했다고 전해지는 금젓가락도 있다.

많은 사람들이 은젓가락을 모으지만 일상생활에서 식사할 때 사용하는 경우는 드물다.

하루 세 끼,
식탁에 둘러앉아 함께 먹는다

중국에는 동서남북 나름대로 다양한 맛의 요리가 있다. 일반 가정에서는 하루 세 끼에 풍부한 음식을 내놓을 수 있다. 맛있는 요리, 정교한 그릇, 우아한 분위기를 중시하며 맛난 요리와 일상생활의 즐거움을 즐긴다. 먹는 것을 예술과 학문으로 여김으로써 풍부하고 뛰어난 조리 기법을 창조하고 발전시켰을 뿐만 아니라 일상의 즐거움에 만족하며 살아가는 중국 민족 특유의 성격을 잘 반영한다.

중국에는 일찍부터 규범화된 식사 제도가 있었다. 처음에는 두 끼를 먹었다. 첫 번째 끼니를 조식朝食이라 불렀고 오전 9시 정도에 먹었다. 두 번째 끼니는 포식餔食이라 하여 오후 4시에 먹었다. 공자는 "때가 아니면 먹지 않는다不時不食"라고 하였다. 즉 때에 맞추어 음식을 먹어야 하고, 적당한 시간이나 계절이 되지 않으면 음식을 먹지 않는다는 뜻이다. 한대 이후에 농업의 발전으로 각 민족들은 점차 아침, 점심, 저녁 등 세 끼를 먹기 시작하였다. 옛사람들의 세 끼 식사는 현대인보다 시간적으로 더 빨랐다. "해가 뜨면 일하

유조油條, 꽈배기와 두장豆漿, 두유은 중국인이 좋아하는 아침 식사다.

도시 사람들은 아침을 파는 노점을 즐겨 이용한다.

북방 지역의 가정에서는 직접 찌기도 하고 거리에서 만두를 사 먹기도 한다.

고 해가 지면 쉰다日出而作 日入而息"라는 말이 있지 않은가.

하루 세 끼 식사, 끼니마다 밥을 지어서 먹어야 한다. 중국인이 식사를 얼마나 중시하는지 보여주는 일면이다. 요즘 들어 도시인의 생활 리듬이 빨라지면서 외식은 일상적인 일이 되었다. 특히 점심은 대부분 근처의 레스토랑이나 구내식당에서 해결하고 있다. 그래서 가정주부들은 저녁을 지을 때 심혈을 기울인다.

개인 접시에 음식을 담아 식사하는 서양과 대조적으로, 하나의 그릇에 담긴 요리를 함께 먹는 것은 중국 음식 문화의 큰 특징이다. 집에서 식사하든 밖에서 외식을 하든 항상 식탁에 둘러앉아 한

식탁에 모여 함께 식사하는 모습은 가정을 중시하는 중국인의 윤리적 관념을 보여준다.

접시에 있는 요리와 냄비에 있는 탕을 함께 나누어 먹는다. 이 같은 식사 방식은 옛날부터 내려온 방식은 아니다. 옛날에는 오랫동안 각자 따로 식사를 하였다.

최초의 조리 기구와 식기는 토기 위주였기 때문에 바닥에 놓고 사용하였다. 이후 이들을 받칠 낮은 나무 탁자를 발명하였다. 상대商代의 갑골문에서 '숙宿'은 실내에 '석席, 깔고 앉을 돗자리'을 마련하고 사람이 자리 위에 앉아 있는 형상을 본떠 만들었고, '석'은 사람들이

솜씨 좋은 가정주부가 가족을 위해 명절 음식을 만들고 있다.

바닥에 자리를 깔고 앉아 있는 모습을 나타낸다. '석'은 대개 사각형으로 크기와 길이가 다양하다. 긴 것에는 여러 사람이 앉을 수 있고, 짧은 것에는 두 명만 앉을 수 있다. 정사각형 '석'은 '독좌獨坐'라고 하는데, 연장자나 신분·지위가 높은 한 명이 앉을 수 있다. 필요에 따라 한 겹 또는 여러 겹의 작은 석을 더 깔 수 있다. 석의 수에 따라 지위나 신분을 구분한다.

앉을 때도 엄격한 예절 규범이 있다. 어른과 아이, 신분이 높은 사람과 낮은 사람은 함께 앉을 수 없기 때문에 실례를 범하여 모욕을 당한 사람이 칼을 뽑아 석을 자르고 그 위에 앉았던 일도 있었

탕포湯包, 빨대를 끼워 먹는 만두, **교자**餃子, 찐 고기만두나 물만두, **소맥**燒麥, 광동식 딤섬 등은 찜통을 벗어나지 못한다.

19세기 말, 남방의 한 관료 집에서 여자와 아이가 식사하는 모습

다. 이에 상응하는 것이 각자 자신의 위치에 앉아 자기 앞에 있는 음식을 따로 먹는 것이다. 이러한 형태의 식사는 한나라 말기까지 이어졌다. 사천의 성도成都에 있는 동한東漢, 25~220년 시대의 무덤에서 출토된 벽돌에는 두세 명이 한 석에 같이 앉아 있고, 그 앞에는 식탁이 있는 장면이 새겨져 있다. 이는 당시 사람들의 생활을 잘 보여주고 있다.

고대 중국인이 각자의 식탁에서 따로 식사하던 습관은 당시의 식기와 밀접한 관계가 있다. 당대唐代, 618~907년에 이르러 상황은 바뀌었다. 높은 다리가 달린 긴 식탁·긴 의자 같은 가구가 등장하였다. 돈황敦煌 473 석굴의 벽화에는 장막 안에 긴 식탁을 놓고, 식탁에는 천이 드리워져 있다. 위에는 국자·젓가락·잔·접시 등 식기들이 놓여 있다. 식탁 양 옆에는 긴 의자가 있고, 남녀 여러 명이 양쪽에 나누어 앉아 있다. 큰 의자에 앉아 높은 식탁에서 식사하는 방식은 땅에 앉아서 밥을 먹는 방식을 대체하였다.

둥근 걸상이나 높은 의자를 사용하여 식탁 주위에 앉아 함께 식사하는 방식은 점차 관습이 되어 오늘날 중국인의 가장 대표적인 식습관이 되었다. 함께 둘러앉아 식사하고 이에 상응하는 여러 예절과 관습이 생겨난 것은 식기가 변하였기 때문이라고 할 수 있다.

친한 친구들과 함께 식탁에 둘러앉아 맛있는 요리를 함께 먹는 것은 중국인에게 매우 따뜻하고 정다운 모습이 아닐 수 없다. 이는 혈연이나 친족 관계를 중시하는 중국인의 전통적인 관념과도 무관하지 않을 것이다. 중국은 전통적으로 '조화'를 최고의 가치로 본다. 한 식탁에 앉아 맛난 요리를 함께 먹는 것은 사람 사이의 이해와 교류를 증진시키는 주요 수단이다. 이 역시 중국인이 식탁에서 담소를 나누는 이유일 것이다.

한 미식가는 요리의 미학을 보호하기 위해서는 개인 접시에 담아 먹는 것은 지양해야 한다고 지적하였다. 생각해보라. 맛과 향이 좋은 청증어淸蒸魚, 맑게 찐 생선 하나라면 어떻게 나눌까? 머리는 누구한

주방은 한정된 공간에서 따뜻하면서도 깨끗한 분위기를 내고 싶어 한다.

테 주고 꼬리는 누가 먹나? 머리 아픈 일이 아닐 수 없다. 함께 어울려 식사하는 모습이 사라지고 각자 따로 자신의 요리만 먹게 된다면 중국의 우수한 전통적인 조리 기술이 타격을 받을 것이고, 결국 그 우수성도 사라질 것이라는 우려도 근거 없는 소리는 아니다.

최근 뷔페·중식·양식·패스트푸드 등 다양한 식사 방식이 보편화되면서 도시 사람도 자연스럽게 개인 접시를 가지고 식사하게 되었다. 국제 교류가 활발해지면서 규격화된 연회에서도 이러한 분위기를 쉽게 찾아볼 수 있다.

함께 식사하든 개인 접시로 각자 먹든 중국요리는 고기와 채소

슈퍼마켓의 유제품 판매대

의 배합을 중시하고, 찬요리·따뜻한 요리·짠요리·단요리 등을 먹는 데도 순서가 정해져 있다. 정식 연회에서 요리를 주문하고 요리를 올리는 데도 규칙이 있다. 과거에 이름 있는 호텔·레스토랑에서는 연회에 올리는 요리에도 일정한 법칙이 있었다.

북방 지역의 대규모 연회를 예로 들어보면, 먼저 네 개의 찬요리冷盤를 올린다. 주로 고기 요리를 올리는데 안주로 먹기 위해서다. 술을 마시는 사람이 많을 경우 여덟 가지를 올릴 수 있다. 그다음 찬요리보다 조금 더 많은 양의 네 가지 뜨거운 볶은 채소 요리를 올린다. 채소는 제철 채소를 써서 느끼하거나 기름이 많지 않게 하여 담백한 맛을 낸 요리다. 계속해서 탕처럼 따뜻하고 입맛을 돋우는 네 개의 끓인 요리를 올린다. 이 요리를 다 올린 후 주요리를 내어놓는다. 그야말로 산해진미로 맛이 일품일 뿐만 아니라 조리 기법 역시 탄성을 자아낸다.

요리를 담는 그릇조차 범상치 않다. 과거에는 주로 큰 대접을 사용했고, 요리는 최대 네 가지다. 주요리를 올린 후에는 디저트 → 죽 → 밥의 순으로 나오고, 마지막으로 탕요리와 과일이 나온다. 광동요리에서는 탕이 가장 먼저 올라온다. 하지만 이러한 법칙은 정식 연회에서만 지켜지고 있다.

일반 가정의 백반

중국인이 집에서 먹는 세 끼 식사가 우리가 말하는 '가정식 백반家常飯'이다. 재료는 지역에 따라 달라지지만 우리와 별반 다를 바 없이 맛있고 저렴한 것들이다. '가정식'은 많은 뜻을 내포하고 있다. 먹는 것을 중시하는 중국인은 끼니 때마다 같은 요리를 먹을 수 없다. 간단하면서도 사치하지 않는 생활에서 가족의 입맛뿐만 아니라 음식 궁합, 다양한 식단을 함께 고려하여 식사를 준비한다는 것은 결코 쉬운 일은 아니다.

넓은 의미에서 가정식 백반은 지역에 따른 특징으로 구분되지는 않지만, 광활한 중국땅에서 지방마다 생산물과 생활 습관이 다르기 때문에 일반 가정집 백반의 맛도 다를 수밖에 없다.

중국인은 하루 세 끼 식사 중 저녁을 가장 중시하고, 아침은 간단히 먹는다. 중국인은 아침에 주로 포자包子나 만두를 묽은 죽稀粥, 짠지鹹菜와 함께 먹는다. 그다음으로는 혼돈餛飩, 온면熱湯麵, 쌀밥에 볶음채소米飯炒菜 등이 있다. 유조와 두장도 전형적인 아침 식사라

쌀밥은 중요한 주식

고 할 수 있지만 집에서 직접 만드는 경우는 드물고 대부분 거리에서 사 먹는다. 그 밖에도 우유·오트밀·식빵·달걀·소시지를 먹는 미국식 아침 식사도 도시인에게 더는 낯설지 않다. 달걀·두부는 아침 식사에서 가장 보편적인 단백질 섭취원이며 조리법도 간단하다.

점심과 저녁 식사는 쌀·밀가루 등 주식에 볶음채소·탕·죽 등을 함께 먹는다. 일반 가정에서 요리는 주부 담당이지만, 맞벌이 부부일 경우 남성도 주방에서 요리하는 일이 많다.

서양과 달리 한족을 비롯한 대다수의 중국 민족들이 일상적으

밀가루 음식에는 다양한 조리법이 있고, 예술품처럼 정교하고 예쁘다.

로 마시는 우유의 종류는 그리 많지 않지만, 서북 지역의 소수 민족 거주지에서는 유제품이 매우 중요한 일상 음료다.

면 요리를 주로 먹는 지역의 가정주부는 소맥가루·옥수수가루·수수가루·콩가루·메밀가루·귀리가루 등으로 다양한 종류의 면 요리를 만들어낼 수 있다. 또 기호와 입맛에 따라 볶거나 튀기거나 삶거나 찌거나 고아서 먹을 수 있다. 면 요리를 먹을 때는 짜장·맛국물·국거리 등 양념이 중요하다. 여기에 채소 같은 고명도 빠질 수 없다. 고명의 종류는 시기에 따라 달라진다. 중국의 면 요리 가운데 산동 지방의 것을 최고로 꼽는다. 지금까지 파악된

1970년대 말 상해의 채소 시장 풍경

것만 해도 종류가 280여 종에 달한다.

쌀을 주식으로 하는 가정에서 김이 모락모락 나는 향긋한 쌀밥을 먹는 것은 흔한 일이다. 하지만 1년을 하루같이 계속 먹는다면 단조로울 것이다. 그래서 사람들은 다양한 요리의 궁합과 조리법을 궁리해냈다. 찌고 삶고 볶고 끓이고 졸이고 고는 등 다양한 요리 방법으로 만든 요리는 그 맛과 향이 천차만별이다.

일상생활에서 중국인은 생선이나 고기를 날마다 먹지 않고 대부분 싸고 맛있는 제철 채소를 즐겨 먹는다. 무 · 청경채 · 두부는 중국 가정에서 없어서는 안 되는 음식이다. 특히 무는 동서남북의

가정식 요리는 고기와 채소의 궁합을 중시하고 재료비가 싸야 한다.

각지에 없는 곳이 없으며, 1년 내내 먹을 수 있다. 뿐만 아니라 무는 생으로 먹거나 삶아서도 먹을 수 있으며 볶거나 절여서 먹을 수도 있다. 배추·시금치·유채·미나리·부추·갓 등 줄기와 잎을 먹는 채소는 청경채에 비할 바 아니다. 일반적인 조리법으로는 생채로 무쳐 먹든지 볶거나 삶아서 먹는다. 생으로 먹기 힘들면 고기나 달걀을 함께 볶아서 먹으면 된다.

두부의 경우 가장 간단하고 흔한 조리법은 간장 등 양념으로 무치거나 끓는 물에 삶은 후 간장이나 참기름 등 양념을 뿌려 먹는

좌 채소를 말리는 것은 여러 지역 농민의 생활 습관이다. **우** 달걀은 중국인의 중요한 단백질원이다.

것이다. 기름을 두르고 지진 후 다시 양념을 뿌리거나 청경채와 함께 삶아 먹는 방법도 일반적이다. 세계 각지의 중식당 어디에서나 마파두부麻婆豆腐를 흔히 찾아볼 수 있다. 이 역시 두부를 깍둑썰기한 후 다진 고기를 볶아 넣고 끓이다가 고추기름과 산초 가루를 뿌려준다. 두부 외에도 콩나물이나 숙주나물, 다양한 콩류 또한 사시사철 중국인의 단골 메뉴다.

중국인이 흔히 먹는 고기로는 닭·오리·생선·돼지고기·소고기 등이 있다. 돼지고기는 한족을 비롯하여 대부분의 민족들이 가장 일반적으로 먹는 고기다. 과거에는 고기가 귀했지만, 지금은 자주 먹기 때문에 돼지고기와 관련된 조리법이 가장 많다. 돼지고기볶음, 홍소육紅燒肉, 삼겹살을 간장으로 붉게 졸인 요리, 백절육白切肉, 얇게 저민 편육, 회과육回鍋肉, 삶은 돼지고기와 채소를 볶아 만든 제육볶음, 구육扣肉, 고기를 넓적하고 두툼한 편으로 썰어 조린 요리, 미분증육米粉蒸肉, 돼지고기에 쌀가루를 얹어 증기로 찐 요리, 수자육水煮肉, 삶은 고기에 고추·산초를 넣어 기름에 볶은 요리 등은 일반 가정에서도 만들어 먹었다. 일상적으로 먹는 볶음요리 가운데 튀김옷을 입혀 원재료의 맛과 질감을 보호하여 고기를 더 연하게 볶는 것을 선호한다.

중국에서는 예로부터 닭을 길러왔다. 옛날부터 닭고기는 진미 중 하나였고, 닭고기로 만든 탕 역시 몸보신에 좋은 자양 식품으로 생각했다. 조리법은 조미료를 넣지 않고 찌는 청증淸蒸, 조미료를 넣지 않고 삶는 청돈淸燉, 고기를 간장에 재운 뒤 볶아 육수로 맛을 내는 홍소紅燒, 닭을 통째로 삶은 후 고기를 작게 자르는 백참白斬, 간장을 조금 넣고 졸이는 황민黃燜 등 수십 가지가 있고, 닭고기를 이용한 요리 가짓수만 적어도 책 한 권은 될 정도이다.

닭에 비하면 북방에서 오리는 몸

계탕鷄湯은 영양학적으로 높은 가치가 있는 것으로 믿고 있다.

두부 요리법은 여러 가지인데, 홍소로 하기도 하고 볶아서
맵게 하기도 한다.

값이 비싸다. 평범한 북방 사람 가운데 집에서 오리 요리를 해먹는
사람은 적었다. 유명한 '북경오리구이北京烤鴨'는 전문 식당에 가야
만 먹을 수 있다. 오리고기를 가장 잘 해먹는 지역은 강소성과 절강
성 일대이다. 이 지역의 염수압鹽水鴨, 오리를 통째로 소금에 절인 요리, 노압보老
鴨煲, 오리에 죽순·생강·파 등을 넣어 삶은 요리 등은 호텔의 유명한 요리일 뿐만
아니라 가정주부들도 만들 수 있다.

　생선 조리법 또한 다양하다. 신선한 생선은 청증이나 청돈의

조리법 그대로 요리하고 조금 덜 신선한 생선은 홍소나 탕초糖醋, 새콤달콤한 소스를 튀긴 생선·고기에 덮어 먹는 요리 등의 조리법으로 요리한다. 소고기·양고기는 중국의 서부 지역 소수 민족이 주로 먹었다. 가장 흔한 조리법은 소고燒烤, 굽기이지만, 대부분의 한족은 폭초爆炒, 센 불에 빠르게 익혀 양념과 함께 볶기, 돈燉 같은 조리법 외에도 보편적인 조리법은 얇게 썰어 끓는 신선로에 살짝 담갔다가 먹는 쇄涮이다.

　　여러 지역에는 말리거나 소금에 절여서 만드는 채소, 콩류, 달걀, 육류로 만드는 간단한 요리도 있다. 저장해두고 먹기 위해 만든 음식들은 생활 여건이 개선되면서 맛을 돋우는 정도의 반찬으로 밀려났다.

맛있는 교자

교자餃子는 긴 역사를 지닌 민간 먹을거리로 많은 사랑을 받아왔다. "아무리 맛있어도 교자보다 못하다好吃不過餃子"라는 말도 있지 않은 가. 과거 여러 해 동안 교자를 먹는다는 것은 생활이 나아졌다는 의 미이기도 했다. 교자의 역사를 이야기하자면 '유구하다'라는 한마 디로 설명이 된다. 교자에 관한 최초의 기록은 한대漢代로 거슬러 올

북방 지역에서는 명절을 쇨 때 교자를 먹는 풍습이 있다.

라간다. 1960년대 신강에 있는 당대 무덤에서 출토된 나무로 된 그릇에 교자가 담겨 있었다. 이것이 지금까지 발견된 가장 오래된 교자다.

예로부터 민간에는 교자를 먹는 풍습이 있었다. 섣달그믐, 정월 초닷새, 복날, 동지에 교자를 먹는다. 교자는 중국의 일반 가정에서 흔히 즐기는 민속 요리로서 단결과 경사를 상징한다.

중국인에게 춘절은 서양인의 크리스마스처럼 가장 중요한 전통 명절이다. 타향에 있는 사람은 아무리 멀리 있어도 가능한 한 모두 고향으로 달려가 가족과 함께 명절을 지낸다. 춘절에 교자를 먹는 민간 풍습은 명청 시대에 이미 성행하였고, 특히 북방 지역에서 두드러졌다.

원소절의 즐거운 분위기를 보여주는 〈경상원소慶賞元宵〉

새해가 되면 북방에서는 여전히 교자를 빚어 먹는다. 섣달그믐 밤이면 가족이 둘러앉아 밀가루를 반죽하고 소를 만들고 만두를 빚고 삶아서 담소를 나누며 즐겁게 먹는다. 이날 먹는 교자는 다른 때에 먹는 교자와 사뭇 다르다. 민간 전통에 따르면 교자를 빚은 날 밤에는 잠을 자지 않고 새해를 맞이해야 하고, 밤 12시에 교자를 먹는다. 이것이 새해에 먹는 첫 식사인 셈이다. '교자'는 '자오쯔'라고 읽는데 '자시가 되다交在子時, jiaozai zishi'와 발음이 비슷하다. 교자를 먹는다는 것은 '해가 바뀌고 자시가 되다更歲交子'라는 의미, 즉 송구영신의 뜻이 있다. 교자라는 이름은 여기에서 비롯되었다.

교자는 이처럼 명절 음식이기도 하지만 평소에 흔히 먹는 음식이기도 하다. 삶거나 찌거나 기름에 지져서 먹지만, 교자 속에 넣는 소의 종류에 따라 나뉜다. 일반 가정에서는 돼지고기 소를 넣은 교자를 가장 많이 먹고, 채소는 기호에 따라 넣을 수 있다.

돼지고기는 잘게 다져 썰고 참기름·콩기름·생강·간장 등을 함께 넣어 버무린다. 교자를 빚기 전에 잘게 다진 채소를 함께 넣고 소금으로 간을 한다. 돼지고기 외에도 양고기·소고기를 다져 소로 넣기도 한다.

교자의 맛은 만두피가 40퍼센트를 차지한다고 한다. 밀가루와 물의 양이 적절해야 하고 충분히 반죽해야만 적당한 무르기로 만두피를 빚을 수 있다. 잘 붙으면서도 쉽게 찢어지지 않아야 삶은 후

등을 달아놓은 정월 대보름 거리

교자의 맛이 향긋하고 부드럽다.

교자를 빚는 일은 시간이 많이 들고 손이 간다. 최근에는 교자용 만두피나 소를 전문적으로 판매하는 곳이 생겼다. 슈퍼마켓에는 여러 가지 맛의 냉동 교자가 손님을 기다리고 있어 더 편리해졌다.

중국의 남쪽에서는 춘절의 첫 식사로 교자를 먹지 않고 탕원湯圓·설떡年糕·국수 등을 먹는다. 중국의 소수 민족들은 자신의 전통에 따라 춘절을 지내고, 명절 음식에도 나름대로 특징이 있다. 회족回族은 정월 초하루에 국수와 삶은 고기를 먹고, 이족彝族은 '타타육坨坨肉'을 먹고 '전전주轉轉酒'를 마신다. 장족壯族은 2.5킬로그램이나 되는 큰 종자粽子·찹쌀떡를 먹고, 몽골족은 화로 곁에 둘러앉아 물만두를 먹으며 반드시 술과 고기를 남겨야 한다. 이렇게 해야 새해가 더 풍요로워진다고 여겼기 때문이다.

춘절의 즐거운 분위기는 보름간 이어지는데, 보름날이면 또 하나의 큰 전통 명절인 원소절元宵節이다. 원소절의 밤은 해가 바뀌고 처음으로 보름달이 뜬 밤으로, 거리에는 오색등과 장식으로 물결을 이룬다. 사람들은 오색등을 감상하면서 원소를 먹는다. 남방 사람은 원소를 '탕원'이라 부른다. 원소의 주재료는 찹쌀로, 점성이 높아 천천히 꼭꼭 씹어 삼켜야 하고 한 번에 많이 먹기 힘들다.

원소는 그 종류만큼이나 먹는 방법이 다양하다. 북방 사람은 준비한 물푸레나무꽃·장미·팥소·참깨 등 여러 종류의 소를 마

① 원소元宵, 새알심 모양의 대보름 음식를 먹는 모습 ② 종자를 만들 때 싸는 갈대잎 ③ 고기 종자

른 찹쌀가루에 놓고 굴려 만드는데, 짠맛이 나는 원소는 드물다. 이에 비해 남방의 탕원은 찹쌀가루를 반죽한 후 소를 넣어 빚으며 단맛·짠맛, 고기소·야채소 등 매우 다양하다.

음력 5월 5일은 단오절, 이날은 동서남북 어디서든 종자를 먹는다. 단오절은 2,000여 년의 역사가 있다. 단오절이면 집집마다

가을걷이하는 들판

종규鍾馗, 민간전설에 나오는 요귀를 쫓는 신 그림을 붙이고 쑥잎을 걸어두며 어른들은 웅황주雄黃酒를 마시고, 아이들은 향주머니를 몸에 지니고 다니며 잡귀를 막고 평안을 기원한다.

단오절에는 맛과 모양에 조금씩 차이가 있을 뿐 남쪽 지방이건 북쪽 지방이건 종자를 먹는다. 북방 사람은 대추·팥소·과일절임 등 단맛이 나는 재료로 소를 만들고 찹쌀을 둥글게 빚은 후 갈대잎으로 삼각형으로 싼다. 이에 비해 남방의 종자는 삼각형으로 싸는 것 외에 납작하게 만든 사각도 있고, 소의 종류도 달걀·고기 등 더 다양하여 여러 가지 맛을 즐길 수 있다.

중추절 전후로 거리에는 거대한 월병 광고가 등장한다.

춘절 다음으로 중요한 전통 명절은 중추절이다. 중추절은 음력 8월 15일이며, 이때는 월병月餅을 먹는다. 단오절에 먹는 종자와 원소절에 먹는 탕원과 마찬가지로 중국인은 이날이 되면 월병을 먹는다. 보름달처럼 둥근 월병은 가족의 화합과 단합을 상징한다. 해마다 중추절에는 하늘에 흰 달이 떠 있고 온 가족이 한데 모여 월병을 먹으면서 달맞이를 하고 혈육의 정을 나눈다.

월병과 종자는 간식이며 식사로는 부족하지만 다양한 맛을 즐길 수 있다. 소로는 오인五仁, 다섯 가지 씨 · 연밥 · 달걀 노른자 · 팥 · 참깨 · 햄 등 10여 가지를 쓴다. 맛 또한 단맛, 짠맛, 달고 짠맛, 매운맛 등 다양하다.

　제조법도 지역에 따라 차이가 있다. 전통적인 북경식 월병은 소병燒餠과 조리법이 동일하고, 겉이 바삭하다. 소주蘇州식 월병은 수피酥皮 월병으로, 겉이 페이스트리처럼 여러 겹의 얇은 층으로 되어 있어 잘 부스러질 정도로 부드럽고 희며 달다. 광동식 월병의 겉은 양과자와 비슷하고 어떤 소를 넣느냐가 매우 중요한 것으로 유명하다. 중추절이 되기 전에 월병을 선물로 주고받기 때문에 월병의 포장과 외관이 갈수록 정교하고 화려해지고 있다.

　앞에서 말한 ‘4대 명절’에 먹는 전통적인 음식 외에도 민간에서는 특색 있는 명절 음식을 먹는다. 어떤 지역에는 음력 2월 2일에 용수면龍鬚麵을 먹는 전통이 있다. 양력 4월 5일 전후의 청명절에는 불을 지피지 못하여 찬 음식을 먹고, 음력 7월 15일은 중원절中元節로, 많은 지역에서 찹쌀로 인형이나 양을 만들어 제사를 지내고 손님을 대접한다. 음력 9월 9일 중양절重陽節이 되면 떡을 먹으면서 노인의 건강과 장수를 기원하는 풍습이 남아 있다.

　음력 12월 8일이 되면 중국 각지에서 ‘납팔죽臘八粥, 부처에게 바치고, 서로 나누어 먹는 죽’을 먹지만 조리법은 지역에 따라 조금씩 다르다. 북방 사람은 각종 곡식과 콩으로 만들어 먹고, 남방 사람은 연근·연·올방개뿌리 등을 넣어 만든다. 반드시 넣는 재료도 있으니 바로 대추·밤이다. ‘대추棗’는 ‘일찍早’과, ‘밤栗’은 ‘힘力’과 발음이 같

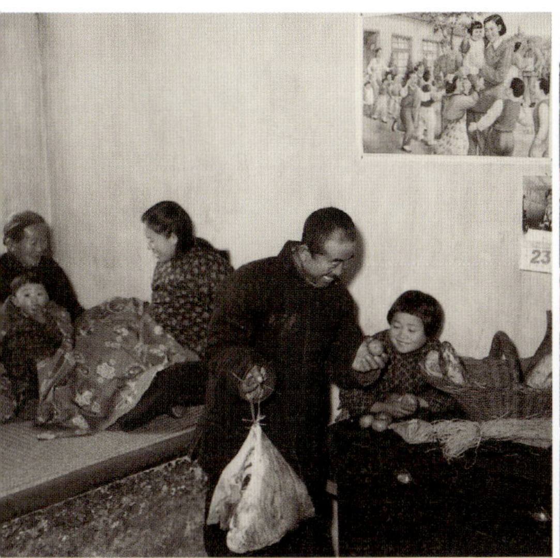

좌 돼지와 양을 잡아 새해를 맞이한다. 중국 각지의 농민들은 춘절이 되기 전에 춘절맞이 준비를 한다.
우 광동 조산潮汕 지역에서는 돼지를 제수품으로 사용한다.

아 "일찍이 힘을 내어 내년의 오곡 농사가 풍년이 들도록 한다"라는 뜻을 나타낸다.

생활 수준이 높아지면서 죽의 재료도 복숭아씨 · 은행 · 해바라기씨 · 땅콩 · 잣 · 백설탕 · 흑설탕 · 포도 등으로 다양해졌다. 납팔죽은 더 부드럽고 맛있어졌으며 영양도 풍부해졌다. 좋은 납팔죽은 비장을 건강하게 만들고 입맛을 돋우며 기를 보하고 피를 만들어준다. 보온과 한기를 없애는 효과도 있어 겨울철 보양 식품이라 할 수 있다.

각 지역의 먹을거리

중국인은 곰 발바닥·제비집·상어 지느러미·해삼·코끼리 코·낙타 혹·원숭이 골 같은 귀한 요리를 '산해진미山海珍味'라고 일컫는다. 옛날 사람들은 '팔진八珍'이라고 했으며, 그중 곰 발바닥을 으뜸으로 꼽았다.

사실 곰 발바닥은 아무런 맛이 없다. 여러 가지 최고급 재료를 이용하여 고거나 삶는데 길게는 2~3일 동안 삶기도 한다. 곰 발바닥에 맛이 배면 굽거나 약한 불로 푹 고거나 뜸을 들인다. 이와 같이 정성을 들여 맛과 영양을 빨아들이니 맛이 없다면 그게 이상할 것이다. 제비집은 금빛제비가 해변 절벽에 지은 둥지다. 생선이나 해조류를 먹은 후 뱉어낸 점액으로 만들어져 영양이 풍부하고 특히 고단백질 식품으로 알려져 있다. 어시魚翅는 상어 지느러미이고, 해삼은 바닷속에 사는 극피동물이다. 고대 중국에서는 중요하거나 성대하고 격식 있는 잔치나 연석에는 상어 지느러미나 해삼 요리가 나왔다.

중의中醫에서는 오리를 약이자 보양 식품으로 여기며, 오리고기를 자주 먹으면 건강에 좋다고 한다.

양고기 샤부샤부는 손님을 접대하는 요리였다. 주인과 손님이 화로 옆에 둘러앉아 요리를 먹으면서 담소를 나누면 육향분만 아니라 정도 깊어진다.

이 귀한 요리들은 현대 중국인의 일반적인 연회나 고급 호텔에서도 흔히 볼 수 없다. 최근에는 동물 보호 인식이 강해져 이러한 요리보다 특색 있고 영향력 있는 지역의 요리가 전국 식단의 흐름을 주도하게 되었다.

중국 각지의 다양한 지리·기후·자원과 이로 말미암아 형성된 식습관 등이 특색 있는 지방 요리를 탄생시켰다. 산동요리魯菜, 사천요리川菜, 광동요리粤菜, 강소요리蘇菜, 북경요리京菜, 복건요리閩菜, 절강요리浙菜, 호남요리湘菜, 안휘요리徽菜 등 다양하다. 민간에서는 그 지방 요리의 특색에 맞게 "남쪽은 달고, 북쪽은 짜고, 동쪽은 맵고, 서쪽은 시다南甛北咸東辣西酸"라고 말하기도 한다.

대도시이자 고도인 북경에는 수천 개의 식당이 있으며, 유명한 집도 100여 곳이다. 그야말로 중국 각지의 일품요리가 운집해 있으며, 정통 프랑스식·정통 이탈리아식·정통 러시아식·정통 스페인식·정통 미국식 레스토랑과 한국·일본·인도·베트남·인도네시아·태국 등 아시아 국가 요릿집까지 즐비하여 그야말로 세계의 요리를 모두 맛볼 수 있다. 소비 수준이 향상되면서 북경에도 특색 있는 요리 골목이 여러 군데 생겨났고, '24시간 영업'을 내건 식당도 하루가 다르게 늘고 있다.

북경에서 오래도록 명성을 이어가고 있는 일품요리로는 오리구이와 양고기 샤부샤부를 꼽는다. '전취덕全聚德'의 훈제용 가마에

북경 왕부정王府井의 먹자골목

북경의 유명한 청진 음식인 여타곤驢打滾

넣어 구운 오리 통구이는 활활 타는 불을 이용해서 굽고, '편의방便宜坊'의 화덕 오리구이는 오리를 화덕에 넣고 불을 때 간접적으로 굽는다. 두 가지 조리법이 각기 다른 특색으로 사람들의 입맛을 즐겁게 하고 있다. 붉은 빛이 감도는 오리고기를 얇게 썬 후 소스에 찍고 채를 썬 파와 함께 밀전병에 싸서 먹으면 한 입 가득 향긋함이 감돈다.

양고기 샤부샤부는 겨울철 별미지만 에어컨이 설치된 무더운 여름에도 많은 사람들이 즐겨 먹는다. 친구들과 식탁에 둘러앉아

색 · 향 · 모양 · 재료를 모두 중시하는 북경 담부채譚府菜

맛좋은 양고기와 쇠고기를 3~5가지 채소와 함께 부글부글 끓는 신선로에 담가 살짝 익힌 후 건져내어 소스에 찍어 먹는다. 소스로는 깨 양념장혹은 참기름, 소금에 절인 두부, 잘게 썰어 절인 부추, 고추기름, 잘게 썬 파, 향채가루香菜末 등이 많이 쓰인다. 양고기를 다 먹은 후 진한 국물에 당면을 넣는다. 국물을 머금은 당면은 간이 알맞게 배고 여기에 참깨로 만든 소병燒餅을 곁들여 먹으면 입안 가득 번지는 향긋한 맛이 일품이다.

북경에서 가까운 천진天津은 항구 도시로 음식 역시 북방 지역의 특징이 잘 나타난다. 천진 하면 떠오르는 요리는 진한 만두즙과 고른 만두피 주름으로 유명한 '구불리포자拘不理包子'이다. 만두의 주름이 15개 이상이라고 한다. 천진에는 또 '천진대마화天津大麻花, 꽈배기'도 있다. 바삭바삭하고 향긋하며, 특히 '계발상桂發祥'이라는 상호의 '십팔가대마화十八街大麻花'가 오랫동안 명성을 이어오고 있다. 생선·새우·조개·게 등이 많이 나기 때문에 천진 요리는 민물과 해산물을 재료로 하는 요리가 주를 이룬다. 조리법은 끓이거나烹 삶는데燉, 저렴하면서도 맛이 기가 막혀 각지의 식도락가를 유혹한다. 1860년 대외 통상 항구 도시로 개방되면서 서양의 요리가 일찍이 이곳에 뿌리를 내렸다. 100년이 넘는 역사를 지닌 레스토랑 '키슬링起士林'은 당시 독일 요리사가 문을 열었으며 정통 독일식·프랑스식 요리와 서양 쿠키, 케이크 등으로 유명했다.

천진에서 북쪽으로 올라가면 산해관山海關을 지나 비옥한 동북 대평원에 이른다. 이곳의 요리에는 만주족의 특색이 짙게 나타난다. 동북 요리는 삶거나 기름에 볶는다. 대표적인 요리는 산채酸菜, 배추절임, 탄백육汆白肉, 담백한 국물에 살짝 익힌 양고기, 혈장血腸, 선지순대 등이다. 걸쭉한 국물에 넣고 삶은 돼지 뼈와 푹 곤 닭고기에 야생 버섯을 곁들인 요리 또한 북방 식도락가의 사랑을 받고 있다. 파·마늘·소스를 넣은 농촌식 수두부水豆腐, 순두부는 향긋하고 부드러운 고향의 맛으로 사람들의 입맛을 당긴다.

천진에서 동남쪽으로 가면 산동山東에 이른다. 요리가 일찍부터 발달하여 산동요리^{魯菜}는 중국에서 영향력이 가장 크면서도 널리 전해진 요리다. 산동은 공자의 고향이 있는 곳으로, 산동요리 곳곳에서 공자의 "곡식은 곱게 빻고 고기는 가늘게 썰어야 한다^{食不厭精 膾不厭細}"라는 이념이 잘 드러나 깔끔하면서도 재료 그대로의 맛을 중시한다. 맛이 짜고, 신선하고 부드러우며 향긋하고 무른 것이 특징이다. 많이 사용하는 조리법은 30가지 이상이고, 폭^{爆, 데치기}·초^{炒, 볶기}·소^{燒, 굽기}·탑^{塌, 튀긴 음식을 다시 찌거나 삶기}·배^{扒, 약한 불로 푹 삶기}가 대표적이다.

명청 시대의 산동요리는 황제가 먹는 주식이 되었다. 청나라의 궁중 상차림인 '만한전석^{滿漢全席}'에는 전부 은으로 된 식기를 사용하고 무려 196가지 산해진미이니 얼마나 화려한지 상상하기 힘들 정도이다.

북방 지역에서 최고의 요리로 경사스러운 일이나 생일 축하 같은 중요한 잔치나 일반 가정에서 흔히 먹는 가정식 백반 요리의 대부분은 산동요리에서 발전된 것이다. 산동요리는 북경·천진·동북 지역의 요리 형성에도 중요한 영향

중국인은 연근을 많이 먹는다.

을 미쳤다. 특히 교동膠東 지역의 복산福山은 발달한 요리 문화로 유명하고 대대로 유명한 요리사가 많이 배출되었다. 이곳은 전문 요리사의 기량이 뛰어날 뿐만 아니라 집집마다 가정의 '요리사' 역시 간판 요리가 하나씩은 있으며, 복산 출신의 화교가 산동요리를 해외에 소개하였다.

산동 사람은 호탕하고 손님을 좋아한다. 손님을 접대하는 법을 중시하여 손님이 배불리 먹지 못하거나 잘 먹지 못할까 신경 쓴다. 이 때문에 음식의 양이 많으므로 산동 사람의 집에서 식사할 때는 마음의 준비를 단단히 해야 한다.

산동에서 서쪽으로 하북河北을 지나면 중원인 산서성이다. 산서 지역의 요리는 중국의 주요 요리에 들어가지 않았지만, 이곳 사람들은 나름대로 좋은 요리를 마음껏 먹는다.

산서 사람들은 예로부터 장사에 능하고, 특히 명청 시대에 진상晉商이 흥성하여 수많은 부호와 거상이 나왔을 뿐만 아니라 당시 중국에서 가장 부유한 지역이었다. 이 점을 생각하면 산서의 식단이 얼마나 풍요

정교하고 아기자기한 관탕포灌湯包, 빨대로 빨아먹는 만두

농가에서 고추를 말리고 있다.

롭고 다채로웠을지 상상이 될 것이다. 밀가루 요리만 해도 헤아릴 수 없을 정도고, 먹는 방법에 따라 맛도 다르고 심지어 밀가루 요리만으로도 잔치를 할 수 있다.

산서에서 서쪽으로 가면 섬서에 이른다. 고성 서안西安은 병마용兵馬俑, 대안탑大雁塔 외에도 양육포막羊肉泡饃, 양고기 떡국과 교자연餃子宴, 다양한 종류의 만두이 다른 지방 사람들의 입맛을 자극하고 있다. 서안의 거리거리마다 양고기 포막 식당이 있어 손님이 뜯은 빵이 가득 든 그릇을 주방장에게 주면 맛있는 양고기 국물을 부어준다. 교자는 북방 사람의 전통적인 음식으로, 서안의 교자연은 찌거나 삶거나 지지거나 튀긴 교자 등이 있다. 재료를 엄선할 뿐만 아니라 나비·제비집·조개·구름 등 모양도 가지각색이다. 교자마다 모양도 다르고 맛도 제각각이다. 교자를 먹으면서 민간 전설이나 옛날이야기를 들을 수 있어 그 맛도 남다르다.

서안에서 계속 서쪽으로 가면 은천銀川에서는 진짜 양머리구이烤羊頭를, 란주蘭州에서는 진짜 소고기랍면牛肉拉麵을, 서녕西寧에서는 양잡쇄탕羊雜碎湯, 양 내장탕을, 우루무치烏魯木齊에서는 꼬치에 꿴 양고기구이烤羊肉를 맛볼 수 있다. 서안에서 북쪽으로 방향을 바꾸어 내몽골 초원으로 들어가면 양을 통째로 구운 양고기구이烤全羊를 꼭 먹어보아야 한다. 서안에서 남쪽으로 가면 '천부지국天府之國, 하늘이 내린 땅'인 사천四川에 이르게 된다.

성도成都의 관관향串串香

중경重慶의 마랄화과麻辣火鍋

사천요리는 일찍부터 중국의 주요 요리로 발달하여 중국 각지 요리에 많은 영향을 미치고 있다. 사천요리 하면 사람들은 입이 얼얼할 정도의 매운맛을 떠올린다. 사실 사천요리는 맛 조절을 매우 중시하고, 맛의 종류도 매우 다양하다. 양념 재료만 보더라도 이를 쉽게 짐작할 수 있다. 파·생강·마늘·고추·후추·산초·식초· 비현두반장鄲縣豆瓣醬·감주·설탕·소금 등 한두 가지가 아니다. 뛰어난 조리 기술로 시고 달고 쓰고 맵고 얼얼하고 향긋하고 짠 7가지 맛을 낼 수 있다.

사천요리는 대부분 싸고 맛있는 일반 가정식으로 깔끔하고 소박하다. 사천에 온 사람들은 사천에 맛있는 요리가 헤아릴 수 없을 정도로 많다고 입을 모은다. 가정에서 많이 먹는 어향육사魚香肉絲, 매운 양념으로 볶은 요리 · 회과육回鍋肉, 삶은 돼지고기를 채소와 볶은 요리 · 홍유두화紅油豆花, 순두부에 고추기름을 뿌린 요리 · 마파두부 · 부처폐편夫妻肺片, 소 내장 무침에서 길거리 군것질거리인 관관향串串香, 꼬치 형태의 훠궈 · 마랄토두麻辣兔頭, 매운 토끼머리 요리 · 단단면担担麵, 맵고 얼큰한 국수, 게다가 중국 전역에서 사랑받는 마랄화과麻辣火鍋, 매운 샤부샤부, 수자어水煮魚, 민물고기 매운탕까지 아무리 먹어도 질리지 않는다.

매운맛에 대해 좀 더 말하자면 중국 서부 지역의 사람은 매운 요리를 즐겨 먹는다. 이는 예로부터 매운 것을 먹으면 습기를 없애고 추위를 몰아낼 수 있다고 생각했기 때문이다. 고추는 명나라 말기 아메리카 대륙에서 중국으로 들어왔는데 초기에는 관상 작물이나 약초로 사용되었다. 고추를 먹기 시작한 것은 귀주貴州와 그 주변 지역이었고, 소금을 대신해서 조미료로 사용되었다.

지금까지 사천요리가 매운맛으로 유명할 뿐만 아니라, 인접한 섬서 · 귀주 · 운남 · 호북과 중남부 지역의 호남 · 강서 · 광서 지역에서도 다양한 매운 요리가 있다. 이 지역들의 매운맛은 조금씩 차이가 있다. 사천요리는 얼얼한 매운맛, 귀주는 향긋한 매운맛, 운남은 깔끔한 매운맛, 섬서는 짜면서 매운맛, 호남은 시큼하면서 매운맛이다. 최근 들어 지방의 별미들이 북경 · 상해 · 심천 · 광주 등 대도시로 밀려들고 있으며, 호남요리·호북요리·귀주요리·운남요리가 식도락가의 사랑을 받고 있다.

호남요리는 상채湘菜라고 부르며, 중국의 8대 요리 가운데 하나로 세계적으로도 지명도가 높은 편이다. 호남요리는 칼 사용이 섬세하고, 기름을 많이 쓰며, 맛도 진하다. 주로 삶고 볶고 찌는 방법으로 조리하고, 신맛·매운맛·얼큰한 맛·향긋한 맛·훈제맛 등 여러 가지 맛을 낸다.

호북요리는 정교하기로 정평이 나 있다. 하나의 요리가 완성되기까지 10여 단계의 조리 과정을 거치고, 재료는 수산물 위주이며,

광동요리는 재료가 다양하고 새롭고 기이한 것이 많으며 영양을 중시한다.

국물과 맛이 진하며 깔끔한 찜 요리가 가장 유명하다.

귀주요리는 다양한 야생 동물을 이용한 요리와 닭·오리·돼지·소·채소·두부 요리로 유명하다. 맛은 짜고 맵고 향긋하며, 소수 민족의 조리 방법이 더해져 토속적인 색채가 짙다. 유명 요리로는 간과계干鍋鷄, 국물 없는 닭찜, 산탕어酸湯魚, 신맛의 생선찜, 화강구육花江狗肉, 보신탕 등이 있다.

운남은 소수 민족이 모여 사는 곳으로 요리맛도 지역적인 특색이 분명하다. 야생 식용 버섯이 풍부하여 버섯 요리가 별미라고 할 수 있다.

광서요리는 야생 동물을 이용한 요리가 뛰어나고 신선함을 중시한다. 광동요리의 영향을 많이 받았고 매운맛을 좋아하며, 소수 민족의 개성이 조리 방법에 녹아 있다. 귀한 약재가 많이 생산되어 요리와 보약을 결합한 보양식이 광서요리의 특징이다.

산동 이남의 강소·상해·절강·복건·광동 등 동남부 연해 지역은 매운맛을 기피하고 담백한 맛을 좋아하는 지역이다. 중국에서 먹는 것을 가장 중시하는 광동을 이야기하지 않을 수 없다. 광주廣州요리로 대표되는 광동요리는 역사가 유구하다. 주강삼각주珠江三角洲에 위치한 광주는 수륙 교통이 발달하여 일찍부터 중국 남부 지역의 경제 무역 중심지였다. 광주는 중국 최초로 대외 통상이 이루어진 항구 도시였다. 중국 각지에서 온 상인들이 각지의 음식점을 끌어왔고 입맛도 다양했다. 식용 산물이 풍부하고, 특히 해산물과 야생 동물이 많아 요리로 상에 올라오지 않는 것이 없을 정도이다.

조리 방법에서도 서양요리의 장점을 받아들일 수 있었다. 광동요리는 중국요리 중에서도 다양한 재료, 새롭고 기이한 요리, 영양 만점의 요리로 일가를 이루고 있다. 광동 사람은 먹는 것을 좋아하고, 식생으로 보양하는 것을 중시한다. 철 따라 탕이나 죽을 끓이는 것으로 유명하다.

복건은 광동과 이웃했지만 요리에서는 광동요리와 많은 차이가 있다. 복주福州요리를 대표로 꼽을 수 있는데 맛이 깔끔하고 시원하며 달고 신맛이 주류를 이룬다. 탕요리를 많이 먹고 맛을 낼 때는 술지게미를 많이 쓴다. 해산물 조리 기술이 뛰어나며, 유명 요리로는 **불도장**佛跳墙, 중국 대표 보양식 · **청탕어환**淸湯魚丸, 생선 완자 · **계탕탄해방**鷄湯汆海蚌, 닭고기 육수 조개탕 · **소조계정**小糟鷄丁, 닭강정 등이 있다.

화동華東 연해에 있는 강소 · 상해 · 절강은 지리적으로 가까워 요리 문화도 서로 영향을 주었다. 도시의 역사가 오래되지 않아 상해요리本帮菜는 영파寧波 · 양주揚州 · 무석無錫, 사천의 영향을 받았다. 이에 비해 역사가 있고 특색 있는 요리는 강소의 양주요리, 무석요리, 소주요리, 그리고 절강의 영파요리와 항주요리를 꼽을 수 있다.

양주요리의 특징은 어떻게 조리하더라도 원래의 맛과 향을 살려 요리에 따라 맛이 다르다는 점이다. 양주의 간식은 종류가 다양

한 것으로도 유명하다. 소주는 인문학의 집성지이자 역사적인 도시다. 소주의 요리는 그야말로 완벽을 추구한다고 할 수 있다. 조리, 배합, 간을 맞추는 등의 기술에 신경을 쓰고 불의 세기에도 주의해야 한다. 평범한 가정식 요리라도 담백하고 깔끔한 맛으로 양보다는 질을 중시한다. 최근 남북 각지를 휩쓸고 있는 양징호대갑해陽澄湖大閘蟹, 양징호에서 잡히는 참게를 이용한 요리 또한 소주의 요리다.

무석요리에는 두 가지 큰 특징이 있다. 하나는 '단맛'이고, 또 하나는 '악취'다. 거의 모든 요리에 설탕을 넣으니 단맛이 나고, 취두부臭豆腐, 두부를 소금에 절인 뒤 석회에 넣어 보존한 발효 식품는 냄새가 날수록 맛있다고 한다. 무석요리를 먹어본 적 있는 미식가는 칼 솜씨로 보나 불의 세기로 보나 무석요리야말로 상품^{上品}이라 할 수 있다고 했다.

영파요리는 지리적으로 주산군도^{舟山群島}에 가까워 해산물이 풍부하다. 그에 맞게 요리도 해산물이 주를 이루고 맛도 짠 편이다. 항주는 천년 고성으로 자연 경관이 아름다울 뿐만 아니라 정교하고 맛난 요리가 일품이다. 예술성을 중시하는 항주 사람들은 항주요리의 '송구영신' 속도가 중국에서 가장 빠르다고 자부한다. 항주요리는 맛이 깔끔하고 담백하며, 매운 양념을 사용하지 않고 기름지고 붉은 소스를 쓰지 않는다. 맛과 향이 진하고 부드러운 동파주자^{東坡肘子, 맛이 짙은 제육찜, 동파육}, 달짝지근하면서도 시큼한 서호초어^{西湖醋魚, 생선찜} 등 전형적인 고급요리는 뒷맛이 오래 남기로 유명하다.

끊임없이 새로움을 추구하는 항주요리는 100여 년 전 전국에 명성을 떨친 안휘요리를 연상시킨다. 당시 안휘요리점은 화려함 자체였다. 붉은색을 띤 목재 가구로 꾸며 호화롭고 화려한 분위기를 자아냈다. 하지만 현대 요식업의 치열한 경쟁에서 안휘요리는 자리를 잃어갔다. 황산^{黃山}으로 유람을 가지 않는 한 외지인이 정통 안휘요리를 맛보기는 어려워졌다.

동서남북, 간식에서 정식요리까지, 중국 각지에 유명 요리는 셀 수 없을 정도다. 1,000가지 맛의 명품 요리는 중국의 깊은 요리 문화와 각지의 개성이 살아 있는 지역 문화를 잘 보여준다. 중국요리를 다 먹는다면 길고도 사치스러운 맛의 여정이 될 뿐만 아니라

하남의 황하 잉어 상차림

중국의 요리 문화가 얼마나 깊고 넓은지 절실히 깨달을 것이다. 외국인이라면 호텔에서 일품요리를 맛보든 거리의 작은 식당에서 특색 있는 별미를 먹든 간에 직접적이고도 만족스럽게 중국을 느낄 방법임에 틀림없다.

소수 민족의 음식

중국은 다민족 국가다. 지리 · 환경 · 기후 · 산물, 그리고 종교 · 신앙 · 사회 · 역사 등의 영향으로 말미암아 각 소수 민족은 자신들만의 독특한 요리 풍속을 형성했다.

예를 들어 목축업을 위주로 하는 소수 민족은 소고기 · 양고기 · 각종 유제품을 주로 먹고 우유차奶茶를 마신다. 농업을 업으로 삼는 남방의 소수 민족은 쌀을 주식으로 하고, 북방의 소수 민족은 밀가루 · 잡곡이 주식이다. 추운 지방에 사는 소수 민족은 마늘을 많이 먹고, 습한 지방에 사는 소수 민족은 매운맛을 좋아한다. 이슬

해남 묘족苗族의 전통 혼례

상 곡식을 수확하는 티베트인 하 음식을 만드는 티베트 여인

람교를 믿는 회족回族과 위구르족維吾爾族은 돼지고기를 먹지 않고 맹수나 죽은 동물 먹는 것을 금하고 있다. 라마교 영향 아래에 있는 장족藏族은 생선을 먹지 않는다. 이러한 풍속과 금기에 대한 이해가 없다면 소수 민족 관계에서 난감한 상황이 발생할 수 있다.

다음의 이야기를 들어본 적이 있을지 모르겠다. 한 여행자가 끝도 없이 펼쳐진 내몽골의 초원에서 양의 다리를 등에 진 채 말을 타고 천천히 길을 갔다. 해가 저물 무렵 게르蒙古包를 발견하고 하루 묵어가기를 청했다. 주인은 손님이 가지고 온 양의 다리를 한쪽에 놓은 후 자신이 키우는 양 가운데 한 마리를 잡아 손님을 대접했다. 배부르게 먹고 술도 마셔 취기가 돈 손님은 주인과 함께 게르에서 잠을 잤다. 다음날 주인은 손님이 떠날 때 새로운 양의 다리로 바꾸어 주었다. 여행자는 초원을 한 바퀴 돌았고, 떠날 때에는 여전히 양의 다리를 짊어지고 있었다. 이 양의 다리가 몇 번이나 바뀌었는지도 모를 정도였다.

이 이야기는 정말 일어날 만한 일이다. 몽골족은 손님 접대를 좋아하기로는 소수 민족 가운데 으뜸일 정도로 유명하다. 양고기는 몽골족이 손님을 접대할 때 내놓는 주요리다. 그들은 먼 곳에서 온 친척이든 가까운 이웃이든, 자주 오는 손님이든 처음 보는 사람이든 손님이 오면 양을 잡아서 대접한다. 양을 잡을 때는 양을 끌고 와서 손님에게 보여주고, 손님이 고개를 끄덕여 허락한 후 양을 잡는다. '손님에게 물어본 후 양을 잡음問客殺羊'으로써 손님에 대한 존중을 표시하는 것이다.

양고기를 먹는 방법 가운데 '수조육手抓肉'은 가장 전통적이고 민족적인 방법이다. 수조육은 어떤 조미료도 넣지 않고 끓는 물에 삶은 양고기를 말한다. 삶은 양고기는 두껍고 즙이 많으며 뜨거운 김이 모락모락 난다. 몽골인은 한 손으로 큰 덩어리를 잡고, 다른

묘족 소녀

손으로는 칼로 잘라 먹는다.

귀한 손님이 오면 양을 통째로 상에 내놓는다. 이를 '양패자^{羊贝}^子'라고 부른다. 양 한 마리를 통째로 솥에 넣고 삶는 것이다. 30분 정도 삶아서 칼로 자르면 핏물이 흘러나오기도 한다. 한족^{漢族} 손님을 대접한다면 10여 분을 더 삶는다.

고기를 먹을 때 빠지지 않는 것이 술이다. 몽골인은 남녀 구분 없이 술을 좋아한다. 연회에서 주인은 은잔 세 개에 술을 가득 따른 후 손에 합달^{哈達}이라는 흰색 비단 수건을 받치고 큰소리로 노래를 부르며 손님에게 술을 권하여 진심 어린 마음을 전한다. 손님은 오른손 중지로 술잔의 술을 찍어 위아래로 한 번씩 튕겨 하늘과 땅에 경의를 표하고 잔에 든 술을 한 번에 마셔야 한다. 마시고 싶지 않다고 해서 술잔을 사양하면 무례하게 보일 수도 있다.

티베트는 특유의 고원 풍경과 민족적 정취로 국내외 여행객을 매료시키고 있다. 풍경 못지않게 티베트인의 음식 문화도 여행객들이 흥미로워하는 주제다. 티베트에 가본 사람이라면 수유차^{酥油茶, 아}^{시아의 유목 민족이 마시는 차}를 마셔봤을 것이다. 티베트인은 수유차로 손님을 접대하고 손님은 반드시 세 그릇을 마셔야 한다. 세 그릇을 마시고 더는 마시고 싶지 않으면 차의 찌꺼기를 땅에 뿌리면 된다. 그렇게 하지 않으면 주인은 계속해서 손님에게 권할 것이다.

티베트인이 주로 먹는 음식은 청과면^{靑稞麵, 쌀보리 가루로 만든 국수} · 수

성인식을 하는 마사족摩梭族 소녀는 돼지고기에 올라서야 한다.

유차·소고기·양고기·유제품 등이다. 티베트 가정이 부유한지 그렇지 않은지는 고기와 우유의 많고 적음이 아니라 곡식이 얼마나 있느냐에 달렸다. 고기와 우유는 집집마다 풍족하기 때문에 그리 중요하게 여기지 않는다.

티베트인은 말이나 당나귀 같은 기제류奇蹄類 가축을 먹지 않고, 생선·닭·오리·거위 같은 가금류도 먹지 않는다. 이들은 돼지·소·양 등 우제류偶蹄類 가축을 좋아하고, 특히 바람에 말린 소고기 육포를 좋아한다. 티베트 고원에서는 음식물이 쉽게 상하거나 변질

이족彛族 남자들은 주량이 세다.

되지 않기 때문에 물기를 뺀 후 신선도를 유지한 소고기 육포를 흔히 볼 수 있다. 해마다 가을이 되면 티베트인은 신선한 소고기를 꼬치로 꿰어 소금·산초가루·고춧가루·생강가루 등을 뿌린 후 통풍이 잘되는 그늘진 곳에 걸어 말린다. 이렇게 말린 육포는 매콤하면서도 달짝지근하고 부드러우면서도 쫄깃하다.

중국의 서남부 지역은 소수 민족이 많이 모여 사는 곳이다. 다양한 민족이 함께 살아가고, 그에 따라 음식 풍속도 천태만상이다. 습한 기후 때문에 새콤하면서 매운맛을 좋아하고 말리거나 훈제한

백고요족白褲瑤族이 장례를 치를 때의 주연 장면

음식이 주를 이룬다.

운남·광서·강서·광동·해남 등지에 살고 있는 요족瑤族은 쌀죽이나 쌀밥에 옥수수·좁쌀·고구마·토란·콩꼬투리 등을 넣어 먹는다. 대개 산간 지역에서 경작을 하기 때문에 휴대·저장하기 좋은 음식이 대부분이다. 주식이자 부식으로 먹는 종자粽子, 쌀만두와 **죽통밥**竹筒飯, 죽통에 쌀과 기타 재료를 넣고 구워 익힌 밥을 가장 좋아한다. 경작 기간 동안 요족은 밭에서 새참을 먹는다. 둘러앉아 저마다 가지고 온 음식을 함께 먹기도 하지만 주로 자신이 가지고 온 것만 먹는다.

와족佤族 여자들이 쌀을 찧고 있다.

강족羌族은 지붕 위에 곡식 등을 보관한다.

요족은 술을 좋아하는데 쌀·옥수수·고구마 등으로 담근 술을 가지고 와서 마신다. 날마다 두세 번 술을 마시는 것은 요족에게 매우 일상적인 일이다.

귀주·호남·호북·사천·운남·광서 등 성^省 경계 지역에 거주하는 묘족^{苗族}은 신맛이 나는 요리를 좋아한다. 집집마다 산탕^{酸湯, 찹쌀 등을 발효시켜 만든 시큼한 탕}을 준비해야 한다. 만드는 방법은 숭늉이나 두부물을 항아리에 부어 3~5일 발효시킨 후 고기나 생선·채소를 삶을 때 사용한다.

음식물 보존에는 염장법을 사용한다. 채소·닭·오리·생선·고기 모두 절여서 신맛이 난다. 집집마다 염장 식품을 놓아둔 '산단^{酸壇, 염장한 식품을 보관하는 장독대}'이 있다. 묘족은 옛날부터 술을 빚어왔기 때문에 누룩을 만들고, 발효시키고, 증류하고, 물을 부어 술을 내리고, 술독에 보관하는 등 그들만의 방법이 있다.

귀주의 동족^{侗族}은 신 음식을 무척 좋아한다. 집집마다 산백채^{酸白菜}, 산죽순^{酸竹筍}, 산저육^{酸猪肉}, 산초어^{酸草魚} 등이 있다. 동족이 얼마나 신 음식을 좋아하는지는 그들의 민요에 표현되어 있다. "형은 게으름을 피우지 않고 동생은 놀지 않네. 찹쌀밥을 다 짓고 초어를 절이네. 사람들은 부지런하고 산에서는 보물이 나오니 집집마다 신맛이 장독대를 가득 메우네^{做哥不貪懶 做妹不貪玩 種好糯米飯 腌好草魚酸 人勤山出寶 家家酸滿壇}." 이 밖에도 동족의 엄압육장^{腌鴨肉醬, 오리고기를 절여 만든 장}, 절인 생선腌魚, 절인 생강腌姜 등도 유명하다. 특히 절인 생선은 밀봉해서 지하에 보관하는데 짧게는 3년, 길게는 7~8년 동안 묵힌다.

백족白族은 서남부의 소수 민족 가운데 명절 음식을 가장 중시하는 민족이다. 명절에는 그에 맞는 제철 요리가 있다. 춘절에는 정정탕叮叮糖, 맥아당에 참깨·생강 등을 첨가한 간식과 돼지머리 고기를 먹고 미화차米花茶를 마신다. 3월절에는 찐 떡과 녹두묵을 먹는다. 청명절에는 양반십금凉拌什錦, 모둠냉채·작소육炸酥肉, 바삭하게 튀긴 돼지고기을, 단오절에는 종자를 먹고 웅황주를 마신다. 화파절火把節, 음력 6월 24일경에 기념하는 중요한 명절, 햇불축제에는 단 음식이나 간식·각종 사탕을 먹고, 중추절에는 백병白餅·취병醉餅을 먹으며, 중양절에는 살진 양을 잡아먹는다. 이 얼마나 풍요로운 삶인가.

장족壯族은 인구가 가장 많은 소수 민족으로 주로 광서에 모여 사는데, 운남·광동·귀주·호남 등 여러 성에도 조금씩 흩어져 살고 있다. 쌀·옥수수는 장족이 사는 지역에서 많이 나는 곡식으로서 그들의 주식이다. 장족은 어떤 짐승도 다 먹는 편인데, 일부 지역에서는 개고기를 굉장히 좋아한다. 장족은 신선한 닭·오리·생선·채소를 70~80퍼센트 익힌 후 뜨거운 솥에 넣고 살짝 볶아 재료의 신선함을 유지한다. 쌀로 빚은 술은 장족이 명절을 쇠거나 손님을 접대할 때 마신다. 술을 빚을 때 닭의 쓸개를 넣은 것을 '계담주鷄膽酒', 닭의 내장을 넣은 것을 '계잡주鷄雜酒', 돼지의 간을 넣은 것

동족侗族 남자들이 타작을 하다가 점심을 먹는다.

을 '저간주猪肝酒'라고 한다. 계잡주와 저간주를 마실 때에는 술잔을 한 번에 비운 다음 닭의 내장과 돼지의 간을 입에 넣고 천천히 씹으면 숙취를 풀어주기도 하고 안주 삼아 먹을 수도 있다.

동북 3성에도 여러 소수 민족이 산다. 그중 가장 대표적인 소수 민족이 조선족이다. 조선족의 음식은 깔끔하고 향기로우면서도 부드럽고, 매운맛이 입안을 시원하게 한다. 재료로는 싱싱한 것 가운데 가장 부드러운 부위를 사용하고, 주로 날로 무치고, 절이거나, 끓이고 삶는다. 생반우육사生拌牛肉絲, 채 썬 소고기를 각종 양념으로 버무린 요리 .

생반우두사^{生拌牛肚絲, 생곱창 무침} · 생반선어편^{生拌鮮魚片, 생선회 무침} 등은 조선족의 전통 요리다. 조선족의 김치는 오랫동안 명성을 이어왔다. 김치의 재료는 간단하다. 배추·무·고추·생강 등이 전부이고, 소금에 절여 만든다. 맛은 깔끔하고 부드럽고, 달고, 시고, 맵고, 짜고, 향긋하다. 한족^{漢族}의 소채^{小菜}와 대비를 이루는 음식이라 할 수 있다.

흑룡강 삼강평원^{三江平原} 일대에서 생활하는 혁철족^{赫哲族}은 중국 북방에서 유일하게 수렵 생활을 하고 개썰매를 타는 민족이다. 그들의 식습관은 옛 모습 그대로 남아 있다. 가장 독특한 점은 생선 요리다. 끓는 물에 생선을 데치고 감자채·녹두싹·부추·고추기름·식초·소금·간장을 함께 무쳐 만들면 향긋하고 신선하며 부드럽다.

대흥^{大興} 안령^{安嶺}의 깊은 밀림 속 악륜춘족^{鄂倫春族}과 악온극족^{鄂溫克族}은 '천연 동물원'에서 거주하며 고기와 우유를 먹는 원시적인 식습관을 유지하고 있다. 사슴 젖·사슴고기·노루고기·눈토끼 고기·꿩 등의 요리를 자주 먹는다. 이 고기들은 내륙에서는 먹기 힘든 진귀한 음식이다.

이슬람교를 믿는 회족은 전국에 퍼져서 살고 있다. 그들은 한족과 함께 어울려 살지만 어디에 있든 자신들만의 식습관을 유지한다. 쌀과 밀가루를 주식으로 하고, 밀가루로 만든 면막^{麵饃, 밀가루빵} ·

위구르족 젊은이가 양꼬치를 굽고 있다.

락병烙餠, 밀전병 · 포자 · 교자 · 탕면湯麵, 국수 · 반면拌麵, 비빔국수 등을 좋아한다. 회족은 돼지고기를 절대 먹지 않는다. 개 · 말 · 노새 · 비늘 없는 생선을 먹지 않고, 도축하지 않은 동물의 고기는 먹지 않는다. 음주도 엄격하게 금지한다. 음식에 대한 금기가 엄격하여 도시에는 회족이 연 청진식당이 있으며 비무슬림인과 함께 식사하지 않는다. 그 때문에 회족의 청진요리는 소수 민족의 요리 중에서도 독보적이며, 유명한 청진요리·청진간식·청진식당을 많이 탄생시켰다. 폭삼양爆三樣, 닭고기·오징어·새우 등을 볶은 요리 · 청증양육淸蒸羊肉, 양고기 찜 · 황민양육黃燜羊肉, 양고기 조림 · 양근채羊筋菜, 양 힘줄 요리 같은 요리는 이슬람 특유의 요리다. 그 밖에 동래순東來順, 홍빈루鴻賓樓, 고육계烤肉季 같은 청진식당은 국제적으로도 유명하다. 회족의 청진요리가 발전하면서 전체 중국요리와 조리 기술에 지대한 영향을 미쳤다.

식사 예절

중국은 옛부터 '예의지국'으로 불렸다. 기록에 따르면 2,600년 전, 상당한 수준의 식사 예절이 있었다.

고대인은 연회에 초대한 손님이 앉을 거적자리를 마련하였고, 사람 수가 많으면 연장자와 존경받는 인물은 단독으로 앉을 자리를 마련해야 했다. 다른 사람과 함께 하나의 거적자리에 앉아야 하면 중요 인물이 반드시 앞쪽에 앉아야 한다. 남북으로 놓인 거적자리에서는 서쪽이 앞쪽이고, 동서로 놓인 거적자리에서는 남쪽이 앞쪽이다. 지위가 비슷한 사람들끼리 같은 거적자리에 앉아야 하고 그렇지 않으면 실례가 된다. 손님은 자리에 앉기에 앞서 자리가 반듯하게 잘 놓였는지 살펴보아야 하고, 바르게 놓여 있지 않으면 바르게 옮기고 나서 자리에 앉아야 한다. 주인이든 손님이든 자리에 앉을 때는 침착하고 점잖게 앉아야 하며, 두 손은 옷소매를 땅에서 30센티미터쯤 들어야 한다. 자리에 앉은 후에는 상의를 열어젖힐 수 없고 다리를 함부로 움직이면 안 된다.

이 **전지**剪紙. 가위 조각칼로 종이에 있는 문양을 오리는 전통 공예는 **행복한 가정의 모습을 보여준다.**

러시아의 소설가 안톤 체호프Anton Chekhov는 중국인을 초대하여 술집에서 술을 마신 적이 있다. "그는 마시기 전에 술잔을 들고서 술집 주인, 점원 들을 향해 '칭請'이라고 했다. 이것이 바로 중국의 예절이다. 그는 우리처럼 한 번에 술잔을 비우지는 않고 한 모금씩 마셨고, 한 모금 마실 때마다 안주를 먹었다. 그러고 나서 나에게 중국 동전을 몇 개 주어 감사의 뜻을 표했다. 정말 이상하게 보였지만 예의바른 민족이다."라고 했다.

중국의 전통적인 연회 예절은 매우 복잡하다. 게다가 분위기가 엄숙하고 중요한 자리일수록 세세한 부분까지 예절을 지켜야 했다. 이러한 예절은 현대까지 이어지고 있다. 형식적으로는 변하였지만 공식적인 주연·연회에서는 여전히 서로에게 자리를 권하고 나서 착석하고, 자리에 앉을 때도 그에 맞는 규칙이 있다. 존경받는 인물·연장자·주인·주인의 귀빈은 남쪽을 바라보고 북쪽에 앉거나 문을 정면으로 바라보는 자리에 앉는다. 자리에 앉는 순서는 연장자가 우선이고, 기혼자가 미혼자보다 먼저 착석하며, 낯선 손님이 잘 아는 손님보다 먼저 자리에 앉는다.

술자리일 경우에는 착석하는 규칙이 조금씩 달라진다. 예를 들어 노인에게 만수무강을 기원하는 술자리라면 남극노인성南極老人星 자리가 최고 상석이 되고, 딸과 사위가 노인의 동서 양쪽의 상석에 앉는다. 아이가 태어난 지 한 달이 되어 '만월주滿月酒'를 대접할 때는 아이의 외할머니가 최고 상석에 앉는다. 결혼식에서는 최고 상석에 신랑의 외숙을 앉힌다.

중국인이라고 해서 끼니마다 술을 먹지는 않지만, 연회에서는 술이 절대 빠지지 않는다. 손님이 자리에 앉으면 주인은 손님에게 축배를 제의하고 "먼저 건배를 하여 경의를 표하겠습니다先干爲敬"라고 하면, 주인과 손님은 함께 술을 들이켠다. 주인이든 손님이든 술은 가득 따라야 한다. 술을 마시지 못하면 사전에 밝혀 난감한 상황이 발생하지 않게 한다.

요리를 놓을 때도 예의에 맞는 규칙이 있다. 뼈가 있는 요리는

섬서陝西 민간에서 행해지는 풍성한 제사

청해靑海의 토족土族은 혼례 때 '팔반연석八盤宴席'을 차린다.

도시에서의 결혼은 중국과 서양의 특징이 혼합된 형태이다. 신랑 · 신부가 피로연에서 손님에게 술을 권하고 있다.

노인을 공경하고 어린아이를 아끼는 것은 중국인의 미덕이다.

식탁의 왼쪽에 놓고, 고기만 있는 요리는 오른쪽에 놓는다. 밥은 왼쪽에 놓고, 탕·술·음료는 오른쪽에 놓는다. 고기구이는 멀찌감치 놓고, 식초·간장·파·마늘 등 양념은 가까운 곳에 둔다. 찬 음식부터 올린 다음 뜨거운 음식을 올리고, 뜨거운 요리는 중요한 손님의 맞은편 자리의 왼쪽에 올린다.

식사할 때도 규칙이 있는데 먹는 자세吃相에 관한 것이다. 젓가락을 밥그릇 중앙에 세워서 꽂으면 안 된다. 밥을 다 먹은 후라도 "밥을 다 먹었다"라고 말하면 안 되고 "잘 먹었다" "배부르다"라고 말해야 한다. 식사할 때는 젓가락을 그릇에 부딪혀 소리를 내서는 안 된다. 중국인은 어려서부터 "설 때는 서 있는 자세, 앉을 때는 앉은 자세, 먹을 때는 먹는 자세를 바르게 한다"라고 배운다. 게다가 각종 '먹는 자세' 훈련을 통해 어떤 자리에 앉고, 어떻게 양보하며, 어떻게 젓가락을 쥐고, 어떻게 음식물을 집는지, 언제 이야기를 하고 언제 조용히 있을지를 배운다.

아이가 밥을 먹는 것도 간단하지 않다. 밥을 남기면 커서 얼굴에 곰보가 생긴다는 어른들의 말에 한 톨도 남기지 않고 깨끗하게 비우고, 음식물을 한 번에 너무 많이 집지 않는다. 닭이 모이를 먹듯 너무 자주 젓가락질을 하지 않거나 뱀이 풀을 헤집고 나아가듯 음식물을 뒤적거리지 않는다. 밥을 먹을 때는 쩝쩝 소리를 내지 않고 게걸스럽게 먹지 않는다. 탕을 마실 때도 '후루룩' 소리를 내지 않고, 입 주위에 묻히지 않는다. 먹는 자세에 대한 예절은 중국인, 특히 노년층이 매우 중시한다.

이러한 예절이 너무 복잡하고 번거로워 자유를 제약한다고 느끼는 젊은이도 많다. 그러나 이 같은 규칙 덕분에 연회가 순조롭고 화기애애하면서도 질서 정연하게 진행되며, 주인과 손님의 정서적인 교류도 이루어질 수 있다. 또한 비문화적인 행위를 어느 정도 방지할 수도 있다. 예절은 인류가 문명과 문화 생활로 가는 교량이다.

사계절의 차와 음료수

중국에는 아침에 일어나 사립문을 열면서 걱정해야 할 일곱 가지開門七件事로 땔나무·쌀·기름·소금·간장·식초·차가 있다. 여기에서도 알 수 있듯이 차는 중국인의 일상적인 소비 생활과 사회 활동에 깊이 녹아들어 있다. 중국인은 차를 자주 마시는 사람은 장수할 수 있다고 믿는다. 차에는 다량의 비타민과 폴리페놀, 정유精油, 좋은 냄새가 나는 휘발성 기름, 플로라이드 등이 함유되어 눈과 뇌를 맑게 하고 배뇨에 도움을 주어 인체에 유익한 천연 건강 음료라고 증명되었다.

중국은 차의 고향이다. 차를 재배하고 만들고 마시는 것은 다른 무엇보다 우선적인 일이다. 중국 서남부의 아열대 기후의 산악 지대가 야생 차나무의 원산지다. 고대에는 단지 제사나 채식에만 사용되었다.

당나라 때에 이르러 불교가 성행하면서 승려들은 차를 마시면 참선할 때 졸음을 쫓을 수 있고, 밥을 배불리 먹었을 때도 소화에

도움이 된다는 것을 발견하고 차 마시기를 권장하였다. 모든 사찰에는 차가 필수품이 되었고, 사찰에서 민간으로 빠른 속도로 전해졌다. 위로는 제왕과 왕족이, 아래로는 장사치·하인 들까지 모두 차를 마셨다. "자고로 명찰에서 좋은 차가 나온다自古名寺出名茶"라는 말이 있다. 이는 대부분의 절에 밭이 있고 신도들이 경작을 도왔기 때문이다. 찻잎의 품질이 좋아지고 차 마시기가 널리 보급된 것도 수양이 깊은 승려들 덕분이기도 하다. 중국의 차 문화는 불교와 함께 일본으로 전해져 엄청난 영향을 미쳤다. 일본의 다도는 400여 년의 역사를 가지고 있다. 한국과 동남아시아 각국 또한 차를 마시는 풍속의 영향을 받았다.

인문·지리적인 차이로 '차茶'는 중국어에서 두 가지로 발음된다. 북방 방언을 기초로 하는 보통화普通話, 표준어는 'cha'라고 읽고, 남방 지역에서는 'tee'라고 읽는다. 이 때문에 일본·인도처럼 북방 지역에서 차를 들여온 국가는 발음이 'cha'와 비슷하다. 러시아는 'chai'라 발음하고, 튀르키예는 'chay'라고 한다. 이에 반해 남부의 연해 지역을 통해 차를 수입한 영국은 차를 'tea'라고 말하고, 스페인은 'té', 프랑스는 'thé', 독일은 'tee'라고 한다. 대부분은 한자 '茶'를 음역한 것이다.

찻잎의 보급 과정은 곧 찻잎의 무역 과정이라 할 수 있다. 유럽에서 최초로 차를 마신 사람은 영국인이다. 기록에 따르면 17세기

삶을 느끼는 마음으로 차를 마셔야 차 본래의 맛에 더욱 가까워질 수 있다.

초 영국인들이 중국에서 들여온 차를 마시기 시작했고, 이때부터 영국인이 중국차를 좋아해 차 수요가 급속히 늘어났다고 한다. 영국 정부는 차를 계속 마실 수 있게 하기 위해 동인도 회사에 일정량의 찻잎 재고를 확보하라고 명령했다. 찻잎이 일반 국민에게 보급되자 유럽 각국의 찻잎 수요량이 나날이 증가하였다.

19세기 초, 중국이 영국에 수출한 차의 양이 4천만 톤에 달해 영국은 무역 적자가 발생하였다. 영국 상인들은 이 같은 불리한 국면을 타개하기 위해 인도·방글라데시 등에서 닥치는 대로 아편을 사들여 중국으로 수출하였다. 은화를 지불하지 않고도 중국의 찻잎을 가져올 수 있게 된 것이다. 이 때문에 발발한 것이 중국의 근대사에 지대한 영향을 끼친 아편 전쟁이었다.

중국에서는 대만을 포함한 16개 성에서 차를 생산한다. 당대부터 북방과 서북부 지역의 유목 민족들과 차를 재배하는 민족들이 차를 말과 바꾸는 차마시장이 생겨났다. 이는 청대 중기까지 계속되었고, 차와 말의 거래는 화폐 교환으로 바뀌었다. 지금까지도 차는 이 지역 사람들의 생활필수품이다.

찻잎은 차나무에서 여린 잎을 따서 만든 것으로, 제조 기술에 따라 녹차·홍차·오룡차·백차·황차·흑차 등으로 나뉜다. 흔히 말하는 색과 향이 뛰어난 명차는 좋은 자연 환경, 우수한 품종, 세심한 잎따기, 정밀한 가공이 결합된 산물로서 높은 명성을 자랑한다.

차의 종류를 구별하는 핵심은 '발효'에 있다. 발효하지 않은 차를 '녹차'라고 한다. 차나무에서 새로 돋아난 잎을 원료로 하여, 솥에서 볶거나 쪄서 수분을 없앤 후 비비고 말려서 만든다. 물을 부어 우려내면 찻물은 녹색이거나 노란 빛이 도는 녹색이고 신선한 차향에 쓴맛이 약간 감돈다.

녹차는 역사가 가장 오래되고, 생산량이 가장 많으며, 생산되는 지역도 가장 넓다. 그중에서 절강·안휘·강서 3성의 생산량이 가장 많고 품질도 뛰어나다. 녹차는 예로부터 명차로 여겨졌다. 서

4~5월은 녹차가 새로 시장에 나오는 때이다.

호의 용정龍井, 동정호의 벽라춘碧羅春, 황산의 모봉毛峰, 몽정의 감로甘露, 노산의 운무雲霧, 신양의 모첨毛尖, 육안의 과편瓜片 등이 정평이 난 유명한 차들이다.

찻잎을 발효하면 원래의 녹색에서 붉게 변하고, 발효할수록 붉은빛은 더 진해진다. 향기 또한 발효의 정도에 따라 찻잎 향에서부터 꽃향기나 과일향, 달콤한 향까지 난다. 완전 발효시킨 차는 '홍차'라고 한다. 홍차는 차나무에서 새잎을 따서 시들게 한 후 비비고, 발효하고, 건조하는 등 여러 단계를 거쳐 정교하게 만들어진다. 말린 잎의 색깔과 우려낸 찻물이 붉은색을 띠어 홍차라고 부르게 되었다. 홍차는 가공 과정에서 화학 반응을 일으켜 생잎에 있던 화학 성분이 크게 변한다. 차의 폴리페놀 성분이 90퍼센트 이상 감소하고 테아플라빈과 테아루비긴 등 새로운 성분이 생겨 향기가 더 진해진다. 유명한 홍차로는 기문홍차祁門紅茶·영홍공부차寧紅工夫茶·복건민홍福建閩紅 등이 있다.

부분발효차로는 오룡차烏龍茶가 대표적이다. 오룡차는 중국 특유의 차로서 대표 생산지는 복건의 안계安溪이다. 오룡차는 경발효·중발효·강발효로 나눌 수 있다. 포종차包種茶 같은 경발효차는 향이 짙고 깔끔하며 우려낸 찻물이 황금색이다. 중발효차로는 철관음鐵觀音·수선水仙·동정凍頂 등이 있는데, 찻물이 갈색이고, 마시면 맛이 중후하고 깊으며 후운喉韻, 차를 마신 후의 목 느낌이 깊다. 백호오룡白毫烏龍 같은 강발효차는 우려낸 물색이 오렌지빛을 내고, 잘 익은 과일향이 난다.

북방 사람은 맛과 향이 짙은 화차花茶나 홍차를 좋아하고, 강남 사람에게는 용정·모첨·벽라춘이 없으면 안 된다. 서남부 사람은 맛이 깨끗하고 진한 보이차普洱茶를 자주 마시고, 복건·광동·대만 사람은 오룡차를 우려낸 공부차功夫茶를 좋아한다. 이에 비해 유목민은 말·소·양의 젖과 고기를 먹은 후 소화를 도와주는 발효된 전차磚茶를 함께 넣고 끓인 우유차奶茶를 마신다.

　　녹차가 맑으면서도 씁쓸하고 담백하면서도 그윽한 것이 강남의 문인에 비유된다면, 조용하고 편안한 홍차는 아름다운 여인에, 맑으면서도 중후하고 부드러운 오룡차는 연장자의 지혜를, 짙고 꾸밈없는 화차는 떠들썩한 상인에 비유하기도 한다. 중국인이 어떤 차를 좋아하는지 보면 그가 어디 출신인지, 성격은 어떠하고 어느 정

서북 지역의 사람들은 전차磚茶를 좋아한다. 청진식당에서 독특한 차맛을 볼 수 있다.

도의 교양을 지닌 사람인지 추측할 수도 있다.

차나무의 생장과 찻잎 따기는 계절의 영향을 많이 받는다. 찻잎 따기는 봄, 여름, 가을에 이루어진다. 따는 시기에 따라 찻잎은 모양이나 성질이 크게 달라진다. 3월 상순에서 청명절 전에 따는 봄차를 '명전차明前茶' 혹은 '두차頭茶'라고 부른다. 찻잎의 색은 연한 비췻빛이 감돌고, 마시면 입안이 깔끔하고 약간 씁쓸하다. 청명절에서 2주가 지나면 곡우다. 이 시기가 되면 강남 일대에는 오곡을 적시는 가랑비가 내려 녹차를 딸 수 있는 두 번째 시기가 찾아온다. 청명절 후 곡우 전에 딴 차는 '우전차雨前茶'라 하고 그 후에 딴 차를 '우후차雨後茶'라고 부른다.

봄차의 가격은 따는 시기가 이르고 늦음에 따라서 높아지거나 낮아진다. 이른 봄에 딴 녹차가 1년 중 품질이 가장 좋다고 한다. 그 해에 딴 찻잎을 신차新茶라고 하지만 1년 이상 묵히면 진차陳茶가 된다. 녹차 · 오룡차는 갓 만들어낸 차가 가장 좋고, 여러 해 묵힌 보이차는 오래될수록 맛이 깨끗해진다.

차를 좋아하는 사람은 봄에 녹차를 마시고 가을에 공국貢菊을 마시며, 늦은 가을과 추운 겨울에는 오룡차 · 보이차 · 철관음을 마신다. 1년 사계절 다 맛보지도 못할 정도로 많은 차 가운데 그들은 신차와 진차를 구별할 수 있고, 찻잎을 딴 계절도 맞힐 정도다.

차를 마시는 습관은 중국인의 생활에 뿌리 깊게 박혀 있다. 당

좌 차병茶餠을 말리고 있는 일꾼 **우** 서부 지역에서는 여러 모양의 '긴차緊茶'를 쉽게 볼 수 있다.

나라 중엽에 유년 시절을 사찰에서 보낸 문인 육우陸羽, 733~804년는 문헌과 서적에서 발견한 차와 관련한 기록에 더하여 직접 연구한 결과를 종합하여 세계 최초의 찻잎에 관한 저서 『다경茶經』을 지었다. 이 책은 차나무의 성질과 모습, 찻잎의 품질, 찻잎의 종류와 따는 방법, 제조 기술, 다기茶器와 경험 등을 체계적으로 기록했으며, 차의 기원, 당 이전의 차 이야기, 찻잎의 생산지 등을 소개하고 있다. 중국의 차 문화를 살펴볼 때 가장 중요한 문헌이다.

당나라 중기에는 찻잎의 품질과 차를 달이는 기술의 고하를 겨

중국인은 어떤 차를 좋아하느냐에 따라 그가 어디에서 왔고, 어떤 사람인지 느낄 수 있다.

루는 '명전^{茗戰}'도 생겨나 중국 고대에 차에 대해 얼마나 열광했는지 잘 보여준다.

송대에 차 열풍은 최고조에 달하여 '투다^{鬪茶}'에 열광했다. 위로는 제왕과 장상, 아래로는 일반 백성이 참여하였다. 명차의 생산지와 사찰에서 투다가 치러졌을 뿐만 아니라 시장에서도 투다가 생겨 찻잎 거래와 함께 이루어졌다. 역사적으로 많은 명차와 진상차가 생겨난 것은 모두 투다와 직간접적으로 관련 있다. 투다는 2~3명이 모여 각자 아끼는 좋은 차를 내놓고, 물로 차를 달이는 기술의 우열을 겨룬다. 차는 '새것이 좋고', 물은 '흐르는 물이 좋으며', 맛은 '향긋하면서 달고 무거운 듯하면서도 매끄러운 맛'이 최상이다. 향은 '진향眞香'을 최고로 치고, 우려낸 차의 색은 무색의 투명한 것이 최상이다.

이와 동시에 청자로 된 잔으로 찻잔을 대신해 검은색의 찻잔으로 차를 마시는 우아한 유행도 생겨났다. 찻잔의 가치로서, 고요하게 빈 잔을 감상하는 것뿐만 아니라 차를 우려내고 음미하면서 생겨나는 촉각·시각·향기로 가득한 후각, 입안에서 느끼는 미각 등 여러 가지 미적 감각에도 있다고 여겼다. 차를 우려낼 때 검은색 찻잔에 투명한 찻물이 투영되어 시각적인 아름다움을 느끼게 한다. 제왕뿐만 아니라 백성도 즐겨 감상할 줄 알았다. 이러한 분위기는 일본까지 전해졌다. 이처럼 중국의 차 문화 발전에 두차는 엄청난 영향을 미쳤다.

오늘날 차를 음미하고 평하고 감정하는 기준은 대부분 『다경』

백자 찻잔은 직관적이고 입체적이며, 흑자 찻잔은 빈 듯하지만 맛이 무궁무진하다.

과 두차에서 유래되었다. 예를 들어 차를 잘 우려내려면 상등의 찻잎을 골라야 할 뿐만 아니라 수질·수온·찻잎의 양·다기 등 여러 가지를 주의해야 한다. 옛날 사람들은 차를 우리거나 끓일 때 산 위의 샘물을 가장 좋은 것으로 치고, 그다음으로 강물, 눈 녹은 물, 빗물 순으로 쳤으며 우물물이 가장 좋지 않다고 생각했다. 현대적인 관점에서 물은 반드시 깨끗한 단물이 좋고 센물을 쓰지 말아야한다. 수온은 찻잎의 종류에 따라 다르지만, 섭씨 100도 정도일 때 우려내는 것이 가장 좋다. 녹차와 경발효차는 섭씨 90도를 넘지 않아야 한다.

찻잎의 양 또한 종류에 따라 다르지만 다호의 1/4에서 3/4까지 가능하다. 다기는 차의 종류에 따라 다른 도구를 사용한다. 화차는 자기 다관을 사용해야 향을 잃지 않고, 녹차는 원래 산뜻하지만 진흙으로 빚은 다관은 차의 맛을 흡수하기 때문에 유리로 된 다기를 사용하는 것이 좋다. 그래야 향기를 보존할 수 있고 차의 색과 모양을 감상할 수 있다. 홍차와 반발효차는 토기로 된 다기를 사용하는 것이 좋다.

차의 맛과 마시는 즐거움을 만끽하고 그 속에서 뛰어난 예술적 즐거움을 누리며 정신 수양의 경지에 이르려면 높은 수준의 문화적·예술적 수양이 필요하다. 차를 마시는 것은 중국식 생활 미학의 한 단면을 잘 보여준다고 할 수 있다.

다기는 당대 이전에는 식기와 구분하지 않고 사용되었다. 차를 마시는 것이 유행하면서 다기도 점차 정교해졌다. 당대 말년에 가장 이상적인 다기인 '자사호紫沙壺'가 생산되었다. 자사호는 일반적인 도자기와 달리 세밀하고 매끄러운 붉은색 진흙이 원료다. 장인이 정성으로 빚은 자사호는 색이 맑고 질감이 부드러우며 매끄럽

차를 끓이고 있는 백족白族 소녀

다. 형태는 고풍스럽고 정교하다. 섭씨 1,100도 정도의 고온에서 구워낸 자사호는 안팎에 유약을 칠하지 않는다. 600배율 현미경으로 들여다보면 수없이 많은 구멍이 보인다. 구멍은 공기는 통하게 하고 물은 통하지 않게 하여 맛을 유지하게 한다. 많은 문인아사文人雅士들이 자사호의 설계와 제작에 참여하여 작은 다호에는 시 · 서 · 화 · 전각 · 소조가 한데 어우러져 높은 예술적 가치와 실용성을 갖추고 있다.

자사호가 명대 이후 유명세를 떨친 이유는 차를 마시는 풍속도가 바뀐 점과 깊은 관련이 있다. 전차磚茶에서 가루차로 바뀌어 물로 차를 우려서 먹기 시작하였기 때문이다. 작은 잔에서 차를 우리면 보온과 청결에 좋지 않기 때문에 다관을 사용하게 되었다. 16세기 말부터 작은 다관에 차를 우려내면거 지금까지 400년 넘는 세월이 흘렀다. 자사호에 차를 우리면 열전도 속도가 느리고, 덮개에 공기 구멍이 있어, 덮개에 맺힌 물방울이 떨어져 찻물의 맛이 변하는 것을 방지한다. 또한 고온에

명대의 손잡이가 달린 자사호로 높이 17.7센티미터, 구경 7.7센티미터이다. 새 자사호를 사용하려면 깨끗한 솥에 찬물을 부어 자사호를 담근다. 물에 좋은 찻잎을 넣는데 적색 진흙으로 만든 것은 홍차를 넣고, 다른 진흙으로 빚은 경우 녹차를 넣는다. 30분쯤 끓인 후 건져낸 뒤 씻어 잡냄새나 밀랍 성분을 깨끗이 제거한 후 차를 우리고 관리한다.

청죽靑竹을 잘라 만든 용기에 다과가 담겨 있다.

서 구웠기 때문에 화로에 놓아 끓여도 깨지지 않는다.

자사호는 오래 사용할수록 질감이 매끈해지고 고풍스러운 맛을 내며 차를 우려낸 향도 더 짙어진다. 다관을 좋아하는 이들은 차 종류에 따라 다른 다관으로 우려내어 오래 사용해도 차 본연의 맛을 느끼는 것을 좋아한다. 자사호는 유명한 '도자기 도시' 의흥宜興에서 생산된다. 의흥은 강소성·절강성·안휘성의 경계에 위치하고 태호太湖와 인접해 있다. 당대 이곳은 이미 유명한 차 생산지였고, 수많은 명차들이 해마다 황궁으로 진상되었다. 의흥의 자사紫沙 다기는 북송北宋 시대부터 만들었고, 명대에 이르러 의흥의 다관 장인들이 배출되어 모양이 정교하고 독특하며 대범한 장식의 의흥 자

가장 기본은 손님에게 차를 내놓기 전에 취향을 물어보는 것이다. 찻물이 너무 뜨거워 손님이 데지 않게 하고, '술은 가득 채우고 차는 반만 채운다'는 규칙에 따라 찻잔의 70~80 퍼센트만 따른다.

사호가 널리 유행하였다. 차를 좋아하는 사람은 다관 감상도 좋아한다. 그 때문에 장인의 손으로 만든 우수한 의흥 자사호는 매우 유명하고 귀하며 가격은 황금과 맞먹는다. '다관 소장所藏'이나 '다관 보관 관리'는 고상한 취미 생활로 이어지고 있다.

흥미로운 점은 민남閩南 · 조주潮州 일대에서도 명청 시대부터 공부차를 우릴 때 의흥 자사호를 사용했다는 것이다. 정교하게 만들어진 고급 자사호는 남성들의 학식 · 지위 · 신분을 나타내는 상징이었다. 문무백관이든 일반 백성이든 어렵게 구한 자사호를 귀한 보물로 여겼으며, 죽은 후 부장품으로 함께 묻히기도 했다.

　자사호 산지인 강소성에서는 주로 녹차를 마셨지만, 차를 만드는 공정 수준이 높아지면서 지금은 자사호로 녹차를 우려먹는 사람은 그리 많지 않다. 백자로 된 잔이나 유리잔에 녹차를 우려 마시고 자사호는 집에 놓아두는 공예 장식품이 되었다. 좋은 자사호는 대대로 가보로 전하기도 하지만 옛날처럼 부장품으로 삼지는 않는다.

　중국에서는 예로부터 손님에게 차를 대접하는 풍습이 있다. 어떤 이는 차로써 술을 대신한다고 이야기하기도 한다. 차를 대접할 때 가장 기본은 손님에게 차를 내놓기 전에 취향을 물어보는 것이다. 찻물이 너무 뜨거워 손님이 데지 않게 하고, ‘술은 가득 채우고 차는 반만 채운다’는 규칙에 따라 찻잔의 70~80 퍼센트만 따른다. 주인이 차를 따를 때 손님은 둘째 손가락과 가운뎃손 가락으로 탁

자사호를 본뜬 도자기로 된 다기

자를 가볍게 두드려 감사를 표한다. 이러한 풍습은 청대부터 전해 내려왔고 동남아시아 화교 사이에서도 유행하였다.

공부차는 광동 조주 지역의 독특한 전통으로 당대부터 지금까지 전해져 내려온다. 귀한 손님이 문 앞에서 마시는 첫 번째 차이기도 한 공부차는 해외에서 사는 조주인에게는 조상에 대한 기억을 되새기는 동시에 뿌리의 상징이다.

정통 조주 공부차를 마시려면 옛 규칙을 따라야 한다. 주객은 네 명으로 제한된다. 이는 명청 시대의 차 애호가들이 차 손님은 "진심으로 어울려야 하고素心同調, 너무 많아서는 안 된다"고 하는 생각과 관련 있다. 손님은 연배와 신분에 따라 주인의 오른쪽에서부터 양쪽으로 각각 앉는다. 손님이 자리에 앉으면 주인은 차를 만든다. 다기는 장난감처럼 아기자기할 뿐만 아니라 찻잎의 품질·수질·차를 우리고 붓고 마시는 방법을 매우 중시한다. 공부차를 마실 때 사용하는 다관은 매우 작고 아기자기하여 주먹만 하다. 잔은 탁구공 반만 하다. 찻잎은 색·향·맛이 뛰어난 오룡차를 많이 사용하고, 찻잎은 다관을 꽉 채울 만큼 넣고 손가락으로 꾹꾹 누른다. 잘 누를수록 맛이 더 진해진다. 물은 침전으로 가라앉힌 물이 좋고, 차를 우릴 때 끓는 물을 바로 다관에 넣는다. 처음 두 번 우려낸 차는 마시지 않고, 찻잎을 씻어내고 잔을 데우는 데 쓰인다. 차를 따를 때 한 번에 가득 채우고 다음 잔에 붓는 것이 아니라, 네 개의 작

성도成都 다관에 앉아 있는 노인

은 잔을 오가면서 조금씩 붓고 마지막에는 70~80퍼센트쯤 차게 한다. 이렇게 차를 따르고 마지막에 가장 진하게 우려낸 찻물은 순서대로 네 개의 잔에 따라 농도와 맛이 똑같게 한다.

공부차를 마실 때도 규칙이 있다. 바로 마시지 않고, 시원한 물로 입을 헹군 다음에 마셔야 차 본연의 맛을 음미할 수 있다. 마실 때는 혀를 굴려가며 천천히 마신다. 공부차는 진하고 알칼리성이 강하여 처음 마실 때는 쓰다고 느낄 수 있다. 계속 마시다 보면 향긋하고 달콤하고 촉촉하며 정신이 맑아지는 것을 느낄 수 있다. 공부차를 마실 때는 차를 논하면서 세상 살아가는 이야기도 곁들이니 마음이 느긋하고 여유로워진다. 그래서 '공부功夫'라고 부른다. 중국

생활의 정취가 묻어나는 사천四川의 다관

특유의 자연스럽고 구속받지 않는 차 문화와 정신을 잘 보여주고, 순박하고 온화하며 함축적이고 가볍지 않은 인간미를 느끼게 한다.

공부차는 다양한 다관茶館을 연상시킨다. 중국에서 다관은 서비스업으로, 강남의 대소 도시든 농촌이든 어디서나 쉽게 볼 수 있다. 100년이 넘게 변하지 않는 전통 다관도 있고, 커피숍이나 술집의 특징을 가미한 신식 찻집도 있다. 대부분 술집·밥집·커피숍을 결합한 다관이다.

다관이 정식으로 생기고 번성한 것은 송대로 거슬러 올라간다. 당시에는 다양한 계층에 맞는 여러 형태의 다관이 있었다. 고급 다

"차는 마음을 깨끗이 한다." 차를 좋아하는 사람은 깨끗하고 즐거운 기분을 느낄 수 있다.

관에는 명인의 글이나 그림이 걸려 있고, 실내에는 생화와 분재가 놓였으며 음악도 연주되었다. 청대 건륭~가경 연간에는 북경의 다관과 예술 공연이 결합하여 차를 음미하면서 공연도 감상할 수 있었다. 찻잎을 가져가서 마실 수 있었는데 이때는 물값만 내면 된다. 북경의 많은 극장들은 '다원茶園'이라고 불렸다. 북경의 명물이던 대완차大碗茶, 즉 길옆 가로수 아래에 자리를 펴고 탁자와 의자를 놓고 큰 대접에 차를 따라 오가는 행인을 대접하는 노점 찻집은 지금은 많이 사라졌다.

사천 사람의 차 역사도 오래되었고 다관도 많다. 성도成都의 다관은 큰 것은 좌석이 수백 개에 달하고, 작은 것은 탁자가 3~5개밖에 없는 곳도 있다. 다기는 찻잔·찻잔 받침·덮개를 함께 사용하는 개완蓋碗이다. 주둥이가 긴 구리 주전자로 차를 따르는 것은 사천식 찻집의 뛰어난 솜씨다. 물기둥이 솟구치다 찻잔으로 들어가고, 잔이 가득 찼을 때 거두면 한 방울도 흘리지 않는다. 노인은 다관에서 차를 마시면서 담소하거나 공연을 즐기고 직장인은 다관에서 여유를 즐기거나 사람을 만나거나 사업상 만남을 갖는다.

"차는 마음을 깨끗이 한다茶可淸心"라는 말이 있다. 차가 내뿜는 고유한 경지는 세속의 저속함과 시끄러움과는 다르다. 차를 좋아하는 사람은 그 속에서 깨끗하고 즐거운 기분을 느낄 수 있다.

지기를 만나면
천 잔의 술도 부족하다

술은 전 세계에서 즐기는 인류 문명으로서 증류기 발명 이전에는 발효주밖에 없었다. 곡물로 만드는 발효주는 중국술의 특징이다. 중국의 황주黃酒는 '미주米酒'라고도 하는데, 세계 3대 발효주로서 동양 양조 기술의 전형이다.

중국에서 술을 빚고 마시는 것은 오래전에 시작되었다. 고서에 술과 관련된 여러 가지 유래가 있지만 대부분 믿을 만한 것이 못 된다. 민간에서는 두강杜康을 주신으로 여기고 그가 술을 만들었다고 생각한다. 그러나 상대商代에 이미 곡물로 술을 빚기 시작했다. 갑골문甲骨文, 금문金文에서도 술을 가지고 제사를 지냈다는 기록이 있으며, 음주 풍습이 성행했다고 전해진다.

1980년 하남河南에 있는 상대 후기商代後期, 약 3,000년 전 고분에서 출토된 술북경 고궁 박물관 소장은 중국에서 현존하는 가장 오래된 술이다. 대지가 넓고 물자가 풍부한 중국에서는 지역마다 농작물의 품종과 수질, 양조 기술의 차이로 말미암아 지역적 특색이 강한 술이 풍부하다.

고대 중국인은 양조 기술에서 중요한 발견을 하였는데, 바로 누룩을 이용해 술을 빚는 것이었다. 초기의 누룩은 발효시키거나 발아시킨 곡물이었기 때문에 밀·쌀이 주를 이루었고, 이런 발효된 곡물을 발전시켜 술을 빚는 데 적합한 누룩을 만들었다.

누룩은 전분을 당화한 유산균과 알코올 발효를 촉진하는 효모균을 함유하기 때문에 곡물을 발효시켜 술로 만든다. 남방과 북방에서는 각기 다른 곡물로 누룩을 만드는데, 그만큼 술의 종류도 다양해진다. 남북조 시대^{5세기 전반~6세기 후반} 때 누룩을 만드는 기술이 상당한 수준에 이르러 『제민요술^{齊民要術}』에도 12가지 누룩 제조법이 기록되어 있다.

이는 일종의 자연 발효법으로 수천 년에 걸쳐 완성되었고, 그렇게 만들어진 누룩 제조 기술의 기본 원리와 방식은 지금까지도 이어지고 있다. 이러한 방식으로 만든 술은 경험을 토대로 만들어지고 생산 규모도 영세하고 수작업으로 진행되기 때문에 엄격한 과학적 검측 기준에 따라 술의 질을 평가하지는 않았다.

황주의 생산 원료로 북방 지역에서는 수수·좁쌀·기장을 사용하고, 남방 지역은 쌀^{찹쌀이 가장 좋음}을 이용하기 때문에 술의 도수가 15도 정도이고, 오래 묵힌 술일수록 맛이 시원하면서도 달다. 황주라고 꼭 황색을 띠는 것만은 아니고 흑색·홍색 등의 황주도 있다. 술의 여과 기술이 미비했을 때에는 술이 혼탁했기 때문에 옛날 사람들은 이를 '백주^{白酒}' '탁주^{濁酒}'라고 부르기도 하였다.

송대부터 중국의 경제와 문화의 중심이 남하하면서 황주 또한

정관붕丁觀鵬의 〈야연도리도夜宴桃李圖〉 일부

잘 빚은 소흥황주紹興黃酒는 수로를 따라 외지로 운송된다.

남쪽 지역의 몇몇 성에서 크게 사랑받았다. 원나라 때 소주가 북쪽 지역에서 크게 보급되면서 그 지역의 황주 생산이 위축되어 갔다. 소주를 마시는 사람이 남방보다 북방에 더 많았기 때문에 황주의 생산은 남쪽 지역에서 남아 있는 상태로 보존되었다. 청대 절강성 소흥紹興에서 생산된 황주는 국내외에서 크게 유명세를 떨쳐 지금까지도 황주를 즐겨 마시는 사람들은 소흥의 황주를 최고라고 손꼽는다.

중국의 몇몇 지역에는 집에서 술을 담그는 풍습이 있었는데,

소흥황주 제조 과정　① 쌀을 찐다.　② 식힌다.　③ 밀봉하여 발효시킨다.　④ 물을 붓고 증류한다.

누룩을 이용해 술을 빚는 방식이 얼마나 널리 보급되었는지 알 수 있다. 애주가 사이에서 중국의 명주는 공장에서 생산된 술이 아니라 가정집에서 빚은 술이라고 할 정도이다.

쌀밥에 누룩을 많이 넣고 한 달 이상 묵혀 40~50도의 백주를 빚어내고, 찹쌀에 누룩을 조금만 넣고 며칠 묵히면 10도 정도의 감주가 된다. 이를 다시 한 달 넘게 묵히면 단맛이 도는 미주米酒가 된다. 백주이건 감주이건 묵히는 시간이 오래될수록 맛은 더 깔끔해진다. 감주는 빚기 쉽고 경제적이며 건강에도 좋다. 감주를 마시는 습관은 중국 남쪽의 많은 곳에서는 매우 보편적이다. 오랫동안 많은 사람들이 의학적인 관점에서 술의 약효를 믿어왔고, 약주를 만들어 마시면 인체의 혈액 순환을 돕는다고 믿었다.

중국 전통의 백주는 대표적인 증류주다. 6~8세기경에 이미 증류주가 있었다. 간단한 증류기 탄생으로 고대 중국인의 양조 기술은 크게 발전하였다. 19세기 말~20세기 초에 서양에서 미생물학·생물 화학과 공정의 여러 가지 기술이 넘어오면서 중국 전통의 양조 기술은 큰 변화를 맞이했고 기계화 수준이 대폭 향상되면서 생산 규모가 확대되었다.

서남부의 귀주와 사천은 자타가 공인하는 백주 생산 지역이다. 물자나 곡물이 달라 중국 남북부 99개 지역의 양조 원료 역시 다른 이유도 있지만, 그 지역 사람들의 입맛에 맞게 빚어 지역마다 브랜드를 내건 명주를 만들었다. 때문에 중국의 유명한 술은 해외에서도 유명한 '노주노교瀘州老窖', 귀주의 '모태茅台, 마오타이'와 산서의 '분주汾酒', 섬서의 '서봉주西鳳酒' 외에도 40~50여 종에 이른다.

중국 최초의 맥주 공장은 1900년 하얼빈에 세워졌고, 1903년에 세워진 청도 맥주 회사는 '청도비주靑島啤酒'라는 세계적으로 유명한 브랜드를 만들었다. 맥주가 중국에 들어온 지 100여 년에 불과하지만 현대 중국인이 가장 많이 마시는 술이 되었다.

예로부터 중국인의 일상생활은 술을 떼어놓고 논할 수 없었다.

중국인은 술로 제사를 지내고, 경의를 표시하기도 했으며, 술로 시를 지으며, 친구·동료와 함께 즐기는 중요한 매개체이기도 했다. 중국의 문화와 생활에서 술은 그야말로 없어서는 안 되는 일부였다.

고대 국왕과 제후의 궁궐 연회에서도 술이 빠지지 않았다. 주기酒器는 매우 중요하게 여겨져, 특히 청동으로 만든 작爵·준尊·이彝 등 술잔이 신분의 높고 낮음을 상징할 정도였다. 중국 각지에서 발견된 고대 유물로 미루어 보건대 청동 주기가 많은 사랑을 받았음을 알 수 있다. 또한 백성에게 금주령을 해제하는 경우는 왕조나 황제의 교체 같은 황실의 중대한 사건과 관련이 깊었다.

중국 고대에는 대부분 곡식으로 술을 빚었다. 오곡이 얼마나 풍부한지에 따라 왕조의 통치자는 금주령 해제, 주세 징수 등을 결정하였고, 양조업의 경기는 그해 농사의 흉풍을 가늠하게 하는 바로미터였다. 술, 민생, 세수稅收는 직접적인 관계가 있었는데, 한 무제 3년98년에는 중앙 정부가 술의 전매 정책을 실시한 후에 양조업계가 취득한 전매비나 전매세가 그 이후 봉건 시대 재정의 주요 수입원이었다.

술은 문인과 떼려야 뗄 수 없는 관계였다. 고대 위진魏晋의 명사나 당대唐代의 시인들은 애주가라는 기록이 많으니, '술과 중국 문화'는 주의 깊게 살펴볼 대목이다.

술과 문인의 끈끈한 관계가 꼭 위진 시대부터 시작된 것은 아니지만, 죽림칠현처럼 아무 일 없이 술을 진탕 마시거나 술이 생활의 전부인 경우는 그리 많지 않았다. 다만 불안한 시대 상황에 놓였던 그들은 술로 시름을 달래고, 화를 면해보기도 하고, 술의 기운을 빌어 시대에 대한 불만을 토로하기도 하는 등 혼란한 시기의 답답함을 술로 털어내곤 하였다. 이런 연유로 문인의 폭음을 추태로 보는 이는 없었고 일종의 풍류로 여겼다.

당대 시인들 역시 음주를 즐겼으니, 시에 술이 있고 술에 시가 담겼다던 이백李白, 두보杜甫는 역대 최고의 시인이다. 중국의 시가·음악·회화·서예 등 전통 예술의 서정성이 짙었으며, 술이 사람을 깨끗하고 본질적인 인성으로 회귀시켰다고 보았고, 그들의 예술적인 창작성을 발화했기 때문에 후대 사람들은 술·시·문인의 관계를 매우 낭만적으로 그렸다.

술을 마실 때면 주흥이 있어야 술이 잘 들어가고, 이로써 음주가 생활의 즐거움이 된다고 생각한다. "지기를 만나면 천 잔의 술도 부족하다酒逢知己千杯少"라는 구절은 사람 사이의 화합을 중시하고, 타인과 즐거움을 나누고 싶어 하는 중국인의 인생관을 잘 보여준다. 술은 중

기원전 1세기~서기 1세기의 청동 증류기.
높이 25.5센티미터, 구경 6센티미터.

그림 속 인물은 송대 문학가 소식蘇軾이다. 문인과 술, 문인과 불교의 관계에서
생존 철학을 볼 수 있다.

국인의 정서를 풍부하게 만들기도 하였다. 벌주를 주는 놀이나 즉석에서 노래 만들기, 시 짓기, 합창, 춤은 술자리 연회에 분위기를 돋우는 놀이였으며 중국 음주 문화의 특색으로 자리 잡았다. 술자리에서 대작하는 두 사람은 두 군대가 싸우는 것처럼 팔과 주먹을 휘두르며 박자에 맞추어 소리를 지르고, 지력·용기·주량을 겨루며 시끌벅적하다.

한자리에 둘러앉아 술을 마시는 것이 오락이자 사교 방식이 되면서 단순한 음주가 아닌 우정을 쌓고 관계를 돈독히 하는 연회가 짧게는 한두 시간 길게는 밤을 새우기도 하였다.

슈퍼마켓에서 수입 포도주를 판매하고 있다.

손님 접대를 좋아하는 중국인의 습성은 술자리에서 더욱 빛나고 사람 사이의 정서적 교류는 술자리에서 극대화된다. 중국에는 술로 손님을 맞고 접대하는 지역이 많다. 옛 친구와 재회할 때, 좋은 사람과 함께 있을 때 술잔이 오고가면서 즐거움이 배가되고 화기애애한 분위기가 연출된다. "술을 마실 때는 꼭 잔을 비운다"는 풍속은 중국 전역으로 퍼져나갔다. 술자리가 시작되면 그날의 주인이 인사를 하며 첫 번째 술잔을 돌린다. 먼저 주인이 자신의 술잔을 비움으로써 손님에게 '경의'를 표한다. 때에 따라서는 주인이 한 사람씩 술을 권하는데 이때 주인에게 술을 권하지 않는 것은 실례이

좌 홍콩 동라만銅鑼灣 거리에 있는 청도맥주 광고 **우** 거리의 맥주 판매점

고 그럴 경우 벌주를 주기도 한다. 때문에 손님들도 주인에게 꼭 술을 권하며 손님끼리도 서로 술을 권하기도 한다.

연회 참석에 늦으면 주인이나 다른 손님이 벌주를 주기도 하니 되도록 늦지 않는 것이 좋다. 술을 권할 때는 술을 권하는 사람과 받는 사람 모두 일어나고, 세 잔을 기본으로 한다. 손님이 많이 마실수록 주인은 더욱 흥에 겨워한다. 재미있는 것은 술을 권할 때 상대방이 좀 더 많이 마시기를 바란다는 점이다.

손님 접대를 좋아하는 일부 민족은 손님이 반드시 많이 마셔야 한다고 생각한다. 몽골족은 술을 권할 때 주인이 술잔을 들고 손님이 술을 다 마실 때까지 축하 노래를 부른다. 서남 지역의 묘족苗族·태족傣族·이족彝族은 잡주咂酒라 하여 대롱이나 죽통을 술잔에 꽂아 마시는 음주 방식이 유행하였고, 나이 순서대로 돌아가며 마신다.

소수 민족 사이에서 술은 신기한 효능이 있다고 여기기도 한다. 부족 간의 화합이나 피로써 결맹을 다지는 오래된 풍속 중에는 닭·양의 피를 사용하지만, 양팔에 상처를 내 나온 피를 술에 떨어뜨리기도 한다. 사람의 피를 떨어뜨린 술을 마시는 것은 소수 민족 사이에서는 굉장히 신성한 조약으로 여기곤 한다.

음주 후에도 여전히 신사적으로 행동하는 사람은 타인의 존중을 받게 된다. 유가 사상에서는 '주덕酒德'을 중시했는데, 술을 마셔도 올바르게 행동해야 한다는 것이 핵심이다. 유가에서는 음주를

절강의 유명주인 삼백주三白酒는 흰쌀로 만든다.

반대하지 않는다. 술로 제사를 지내며 신을 기리고 조상을 섬기는 것은 모두 덕행으로 보았고, 평상시에 음주량을 줄임으로써 식량을 절약해야 한다고 했다. 과음·폭음은 유가가 지향하는 바가 아니었다. 바로 "술로 예를 다하고, 술로 병을 치유하고, 술로 기쁨을 만드는 것酒以成禮 酒以治病 酒以成歡"이다. 특정 상황에서는 술이 빠져서는

고량高粱을 원료로 만든 백주

안 되는 필수품이다.

술을 사치품으로 여기는 이들도 있으니, 술이 정상적인 생활에 영향을 준다고 생각하기 때문이다. 술은 사람을 중독되게 하고 지나친 음주는 사람을 취하게 만들어 판단력을 흐리고 건강을 해치기 때문에 술이 사람을 혼탁하게 만든다고 보는 사람도 있으며, 심지어 나쁜 일에 술이 화근이었다고 보는 사람도 있다. 선조들은 예로부터 주덕과 술로 배우는 교훈, 적당량의 음주를 권하는 것을 중시했다.

정부 부처에서는 공무원이 점심시간에 술을 마시는 것을 엄격히 금지하며, 일부 특수한 직업의 사람에겐 더욱더 엄격한 금주령

광주 주강珠江 옆 술집 골목

을 내리기도 한다. 예를 들어 운전하는 사람에게는 법적 책임을 묻기도 한다.

중국의 주도나 풍속은 술과 함께 발전되었는데 일부는 지금까지도 이어지고 있다. '희주喜酒'는 혼례의 대명사로서, 축하주를 마시러 간다는 것은 곧 결혼식에 참석한다는 의미다. 연회에서 신랑과 신부가 부모와 하객에게 술을 권한 뒤에 '합환주合歡酒'를 마심으로써 백년해로를 다짐한다. 혼례 후 3일째 되는 날 신부는 신랑을 데리고 친정으로 가는데, 신부 측에서는 술상을 차려 사위를 맞이한다. 이때 나오는 술을 '회문주回門酒'라고 한다.

갓 태어난 아이를 위한 '만월주滿月酒'·'백일주百日酒' 역시 보편적인 풍속으로 아이가 태어난 지 한 달·백 일 되는 날 부모가 술상을 차려 친척과 친구를 불러 모아 아이의 건강을 축하하는 날로서, 초대받은 손님은 선물을 가져오거나 빨간 봉투에 돈을 넣어 주기도 한다. '장수주長壽酒'를 마시는 것은 경로 사상에서 출발된 풍속으로 60, 70, 80, 90, 100세가 되는 때를 장수했다고 보고 자녀나 손자들이 친지를 불러 연회를 연다.

중요 명절에도 그에 걸맞은 술이 있으니, 설 전날 밤에 '연주年酒'라고 하며 새로운 한 해 동안 가족의 안녕과 건강을 기원한다. 단오절 때는 '창포주菖蒲酒'를 마심으로써 액운을 피하고 안녕을 기원한다. 중추절에는 가족과 함께이건 친구와 함께이건 달구경하면서 술 한 잔을 빠뜨리지 않는다. 물푸레나무꽃으로 만든 '계화주桂花酒'를 마시는 것도 중추절의 전통이다. 9월 9일 중양절에는 높은 곳에 올라 '국화주菊花酒'를 마시는 풍습이 있다.

서양 사람들은 때와 장소에 어울리는 술을 마신다. 그들에게 술은 신분이요 품위의 상징이기 때문이다. 이런 점은 중국에서는 통하지 않는데, 시장에서 파는 중국술도 등급이 나뉘긴 하지만 중국인이 술을 선택할 때는 좋아하는 향·맛·브랜드를 눈여겨볼 뿐 술의 제조 연도나 색깔을 보고 고르는 경우는 드물다.

술은 중국인의 일상생활에 깊숙이 들어와 자리하고 있을 뿐 아니라 술로 여러 가지 감정을 표현하기도 한다. 애주가에게 인생의 천태만상·희로애락은 한 잔의 술이고, 그 속에 녹아든 세상의 맛·즐거움·기쁨·슬픔·고독은 술을 마시는 자만이 알며 술잔을 기울이는 자만이 느낄 수 있다.

중국의 술 문화는 오래되었으며 중국인의 생활 방식에 영향을 미치고 있다. 특히 중국 경제가 빠르게 발전하면서 생활 방식도 다원화되었다. 전통 백주가 계속 사랑을 받았을 뿐 아니라 외국에서 들어온 술 또한 크게 환영받게 되었다. 좋은 사람과 함께 있을 때 고를 수 있는 술의 종류가 다양해지면서 음주의 즐거움이 배가되었을 뿐만 아니라 음주 문화를 더욱더 다양하게 만들었다. 또한 성업 중인 술집 문화 역시 중국인의 소비 문화를 대변한다. 처음 중국 땅을 밟은 외국인은 많은 술집을 보고 놀란다. 이국적인 술집 분위기는 중국인의 자유롭고 개방적인 생활을 반영하기도 한다.

다섯 가지 맛이 만드는
맛의 향연

음식 섭취의 목적은 건강하게 살기 위함이고, 음식에서 가장 중요한 부분이 영양이라는 관점은 과학적인 실용성을 나타낸다. 그렇다면 중국인이 음식의 색·향·맛·형태의 미를 중시하고, 식기의 정갈함, 환경의 깨끗함을 추구하는 것은 예술적 정신의 발현이라 할 수 있다. 예로부터 '다섯 가지 맛의 조화五味調和'를 중시했던 중국인은 풍부한 미각적 경험을 얻기 위해 요리할 때 천연 재료를 사용해 여러 가지 맛을 내는 방법을 발명했다. 시고·달고·쓰고·맵고·짠 다섯 가지 맛을 기초로 음식의 맛을 500가지 이상 낼 수 있게 되었다.

다섯 가지의 맛 가운데 짠맛은 가장 단순하면서도 중요한 맛이다. 여러 가지 맛으로 입맛을 돋울 때 소금을 빠뜨릴 수 없다. 소금이 없다면 어떠한 산해진미도 신선한 맛을 낼 수 없지만 건강을 고려하면 소금은 조금만 섭취해야 한다. 너무 짜게 먹으면 건강을 해치기 때문이다.

김대번金代翻의 삽화 〈중수하정화증류비용본초重修下政和證類備用本草〉. 송대의 제염하는 과정

신맛 역시 음식에 꼭 필요한 맛으로, 중국 북방 지역의 수질은 염기성이 강하기 때문에 조리할 때 식초를 자주 사용함으로써 식욕을 돋운다. 신맛은 느끼함과 비린내를 없애기 때문에 기름진 잔칫상에 신맛 나는 요리를 내놓는다. 신맛의 종류는 다양해서 매실의 신맛, 과일의 신맛, 식초의 신맛이 다를 뿐 아니라 원산지·원료·제조법에 따라 다양한 맛을 낸다. 북쪽 지역은 산서성의 진초陳醋를 원조로 보고, 절강성 일대는 진강鎮江에서 나는 미초米醋를 원조로 본다. 식초 사용이 가장 보편적인 지역은 산서인데, 많은 가정에서 곡물이나 과일로 식초를 만드는 법을 알고 있으며, 식사할 때도 항

상 식초를 함께 둔다. 흥미로운 점은 식초^醋라는 단어를 남녀 간의 질투를 표현할 때 쓰기도 한다는 점이다. '질투하다^{吃醋}', '질투의 화신^{醋壇子}' 모두 남북 지역에서 통용되는 속어로, 식초의 신맛과 질투의 시기심이 관련 있다고 생각했던 것 같다.

매운맛^辣은 다섯 가지 맛 중 가장 자극적이며 복잡한 맛이다. 중국어에서는 '매울 신^辛'과 함께 연용하기도 하는데 이 두 가지 신맛에는 매우 큰 차이가 있다. '辣'은 미각으로 혀·목·코에 강렬할

신강新疆에서 많이 나는 건포도

자극을 가하는 것이고, '辛'은 미각뿐 아니라 촉각까지도 포함한다. 이러한 차이가 나는 이유는 '辛'에서 지칭하는 매운맛은 생강에서 얻는 것이고, '辣'은 고추·후추에서 나는 매운맛을 가리키기 때문이다. 고추는 외국에서 들어온 것이기 때문에 초기 조리법에는 고추로 인한 매운맛이 없었지만 생강의 매운맛은 있었다. 생강은 잡냄새를 없애고 육류·어류의 맛을 돋우기 때문에 고기나 생선 요리를 할 때 생강이 꼭 필요했다. 요리할 때 고추를 사용하는 데도 원칙이 있었으니 "너무 맵지 않게 하고, 신맛을 기초로 하며, 단계적으로 매운맛을 느끼게 해야 하고, 매우면서도 건조하지 않고 매우면서도 향긋해야 한다." 이 밖에 마늘·양파·생강 등 매운맛을 내는 재료는 살균 작용을 하여 무침요리에 자주 사용된다.

쓴맛을 내는 재료는 조리할 때 단독으로 쓰는 경우가 거의 없긴 하지만 그렇다고 빠져서는 안 될 맛이다. 고기를 익히거나 삶을 때 진피陳皮, 정향丁香, 행인杏仁 등 약간 쓴맛인 천연 재료는 누린내를 없애고 육질을 부드럽게 한다. 중의학에서는 쓴맛이 위를 튼튼하게 하고 체액의 원활한 분비를 돕는 작용이 있다고 하여 쓴맛을 유난히 좋아하는 사람도 많은데, 사천요리 특유의 맛은 바로 쓴맛에서 나온다.

단맛은 다섯 가지의 맛 가운데 완충 역할을 하는데 너무 시고 짜고 맵고 쓴맛을 중화시킨다. 요리할 때 설탕을 첨가하면 음식의 색이 고와지기도 하지만 너무 많이 넣지 않게 주의해야 한다. 많은 천연 재료가 단맛을 낼 수 있지만 재료마다 단맛의 차이가 크기 때문에 요리할 때는 자당蔗糖의 단맛을 기본으로 한다.

다섯 가지 맛에는 들지 않지만, 요리할 때 빠뜨릴 수 없는 것이 '신선한 맛'이다. '싱싱하다'는 음식의 가장 뛰어난 맛을 표현할 때 쓰인다. 대부분의 음식은 신선하기는 하지만 닭고기 · 돼지고기 · 소고기 · 생선 · 갈비 등으로 탕을 끓이면 잡냄새가 사라지고 그 상태에서 소금을 첨가하면 육질의 신선도를 높일 수 있다. 신선한 탕은 그 자체로 먹을 수 있지만 상어 지느러미 · 해삼 · 제비집 · 두부 · 밀 등 아무런 맛이 없거나 맛이 약한 음식을 요리할 때 탕으로 조리해야 비로소 맛을 살려낼 수 있다. 화학조미료와 닭고기로 만든 다시다는 원재료로 낸 국물맛과는 비교할 수 없기 때문에 최고의 요리사도 화학조미료 사용을 꺼린다.

중국요리는 맛을 내는 데 뛰어나 고도의 조리 기술로 각종 천연의 맛을 적절히 배합하여 맛을 낼 뿐만 아니라 맛을 내는 데 사용되는 식재료가 많이 있기 때문이다. 소금 · 식초 · 설탕 · 고기국물 등 대표적인 천연조미료 외에도 간장 · 장 · 술 · 삭힌 두부 역시 중국인이 음식을 만들 때 자주 사용한다.

콩을 발효시켜 만든 장은 고대에는 매우 귀한 음식이었기 때문에 상등 식품이었고, 귀빈을 초청하는 연회에서는 반드시 장을 갖추어야 했다. 고기마다 어울리는 장이 있기 때문에 미식가는 상에

청대 민간 풍속도. 북경의 거리에서 순두부를 파는 행상

올라온 장만 보고도 어떤 음식이 나올지 맞히곤 했다. 훗날 장은 중요한 천연조미료로서, 이를 기본으로 간장·두부장·두시豆豉 등이 생겨났다.

공자는 "썰어놓은 모양이 바르지 않으면 먹지 않았고, 간이 맞지 않는 것은 먹지 않았다割不正不食 不得其醬不食"라고 말했다. 고대 중국인은 장이 요리에 미치는 역할을 매우 중요하게 생각했음을 엿볼 수 있다. 두부로 만든 장류醬類는 중국적 특색이 강한 천연조미료로서 중국요리 역사상 나아가 세계 요리 문화 역사에서 매우 중요한 위치를 차지한다.

술을 이용해 맛을 내는 것 역시 중국요리의 큰 특징이다. 술은 비린내나 누린내를 없앨 뿐더러 재료 고유의 맛을 잘 살린다. 볶을 때 약간의 술을 첨가하면 채소의 향이 한순간에 알코올이 발화되는 열기 속에서 퍼지기 때문에 볶은 음식을 더욱 부드럽고 향긋하게 한다.

세계 어떤 나라에서 고약하게 삭힌 음식을 좋아할 민족이 있을지 모르겠다. 서양의 버터·치즈가 이 맛과 조금 비슷하다고 생각할 수 있으나 취두부에는 비할 게 못 된다. 취두부는 냄새는 고약하지만 일단 한 입 먹으면 독특한 향과 맛을 느낄 수 있다. 중국의 남북 지역에서는 저마다 다른 맛의 취두부를 만든다. 북쪽의 취두부는 천연조미료로 쓰이고 남쪽의 취두부는 자체가 하나의 요리로서 재료 선택에서 조리까지 매우 신경 써야 하는 음식이다.

중국의 요리 기술은 미각 예술로 볼 수 있다. 하나의 맛으로는 부족하지만 다섯 가지 맛이 조화를 이루어 서로의 부족함을 채우고 상호 작용을 통해 이루 형용할 수 없는 맛을 만들어낸다. 실제로 손님의 입맛, 계절의 특징, 건강까지 고려해 여러 가지 천연재료를 자유자재로 쓴다. 소금을 예로 들면, 한 상에 차린 음식에서 처음 오른 음식에 평상시에 쓰는 만큼의 소금을 넣고, 뒤따라 나오는 음식에는 양을 조금씩 줄인다. 마지막에 나오는 탕에는 대체적으로 소금을 넣지 않는다. 손님들은 미미한 차이를 눈치 채지 못하고 음식이 입맛에 딱 맞는다고 여길 뿐이다.

각기 다른 맛의 음식은 비슷비슷한 재료를 사용하고 조리법도 볶거나 튀기거나 찌거나 삶는 정도로 비슷하지만, 재료의 배합에 따라 맛이 달라진다. 재료 배합은 매우 섬세한 작업이라서 조미료의 사용 비율, 첨가 횟수, 조리 시간요리 전에 첨가하는지, 중간에 첨가하는지, 후에 첨가하는지 등 모든 조건을 갖춰야 제대로 된 요리를 만들 수 있다. 먼저/나중에, 많게/적게 등의 조건에 따라 나타나는 차이는 미미하지만 지켜야 할 원칙이 있다. 재료를 너무 빨리 넣거나 늦게 넣어서도 안 되며, 너무 많이 넣거나 적게 넣어서도 안 된다. 어떠한 음식을 좋아함은 그 음식에서 나오는 맛을 좋아한다는 것이다.

음식은 규격화된 맛이 없기 때문에 모든 사람의 입맛에 맞출

수는 없다. 모든 사람의 입맛이 달라 어떤 사람은 재료 그대로의 맛을 선호하기도 하고, 푹 삶은 맛을 좋아하는 사람도 있을 것이다. 닭에서는 닭의 맛이 나고 오리에서는 오리의 맛이 나야 하겠지만 복합적인 맛을 좋아해 '퓨전식 닭'이나 '퓨전식 오리' 맛을 좋아하는 사람도 있고, 진한 맛을 좋아하는 사람, 깔끔한 맛을 선호하는 사람 등 입맛은 사람마다 다르다.

현대 도시인의 입맛은 갈수록 담백한 맛을 선호하여 조금 싱거우면서 본연의 맛을 잘 살린 광동요리가 환영을 받는다. 광동요리를 만들 때 강한 향의 식초·간장·기름·소금·설탕을 이용하는 경우는 아주 드물다. 재료 본연의 맛을 강조하려고 하며, 모든 재료를 적당량만 사용한다. 도시인의 입맛은 생활 수준이 높아진 것과 관련 있다. 지난날 먹을 것이 부족했을 때는 신선도를 유지하기 어려웠기 때문에 여러 천연 재료로 음식의 부족한 맛을 채워야 했다. 그러나 오늘날 "잘 우려낸 국물과 진한 맛, 기름진 음식"은 더는 좋은 음식의 기준이 아니다.

기후와 생활 습관의 차이로 사람들의 입맛 또한 큰 차이를 보인다. 중국인은 계절에 따라 그에 걸맞은 천연 재료를 넣어 먹었다. 만물이 소생하는 봄에는 세균 번식이 쉽기 때문에 재료를 무칠 때 식초나 찧은 마늘을 음식에 넣고, 여름에는 수분 소비가 많기 때문에 짠 음식을 좋아하는 사람은 여주나 갓 같은 쓴맛 나는 음식을 챙

제철 채소를 고르고 있다.

겨 먹기도 하였다. 가을에는 열량이 높은 음식에 자극적인 매운맛의 식품을 곁들여 먹었고, 겨울에는 고열량의 깊고 진한 맛의 음식을 챙겼다.

다섯 가지 맛의 조화는 혀로 전달되는 직접적인 감각, 즉 맛을 내기 위함과 동시에 피부의 조절 역할을 돕고 건강 증진을 돕기 위함이다. 중의학에서 매운맛은 기혈을 돕는 작용을 한다고 하여 감기나 골절로 인한 오한·신장염에 좋고, 단맛은 기를 보충하고 급한 성질을 완화하여 심신 정화에 좋으며, 꿀·대추는 신체가 허약

고요한 농촌

한 사람의 건강 보조 식품으로 좋다. 신맛은 설사를 멎게 하고 침의 분비를 촉진하여 갈증을 해소하는 작용이 있어 식초를 넣어 훈제한 음식은 감기를 예방하고, 달걀과 식초를 넣어 끓인 음식은 기침·가래를 없애준다는 민간요법은 현대 의학으로도 증명되었다. 쓴맛은 열을 떨어뜨리고 눈에 좋으며 해독 작용이 있다. 다섯 가지 맛의 조화는 건강한 육체와 장수의 비결이다.

결론적으로, '다섯 가지 맛의 조화'는 세 가지 뜻을 지닌다.

첫째, 모든 음식은 반드시 독특한 맛을 지녀야 하지만, 한 상에 차린 음식은 여러 가지 맛이 어울리고 궁합이 맞아 전체적으로 맛의 균형과 조화를 이루어야 한다.

둘째, 맛의 농도 조절을 잘해야 하는데, 여러 가지 조미료를 적당히 사용해 음식의 맛을 풍부하게 만들어야 한다.

셋째, 음식을 먹을 때 한 가지 음식만 편식해서는 안 된다. '화和'는 중국 철학의 핵심으로 화목·평화·조화 등 많은 뜻을 내포한다. 화는 또한 중국요리에서 추구하는 최고의 경지다. 다섯 가지 맛을 조화시킨다는 요리 이념과 조리 기법은 중국인의 균형, 조화, 중용 그리고 자연을 중시하는 사상을 반영하고 있다.

요리사와 조리 기술

고대 중국에서는 요리가 직업인 사람을 '포庖'라 불렀으며, 지금은 요리사라고 한다. 세계적으로 유명한 중국요리에 비해 뛰어난 맛을 만들어내는 이들은 대개 무명으로 세상에 알려지지 않았다. 중국 역사에서 유명한 요리사를 꼽는다면 팽조彭祖와 이윤伊尹을 들 수 있다. 이윤은 역사적으로 기록된 최초의 명요리사이자 상商나라의 재상이었다. 그는 박식한 책략가였을 뿐 아니라 출중한 요리 기술로 집권자의 두터운 신임을 얻었다. 종묘 제례 때마다 양념에서부터 요리, 천하일미에 이르기까지 다양한 종류의 요리에 대해 상왕과 이야기를 나누며 천하를 다스리는 이치를 논하여 '요리의 신'으로 받들어졌다. 후대에는 요리 솜씨가 출중한 사람들이 고관대작을 지내는 경우가 더러 있었지만, 이런 특별한 명예를 얻는 사람은 소수였고, 대부분의 포들은 고관과 귀인을 위해 일하였다.

요리사는 중국 민간에서도 뭇 사람의 존경을 받는 직업이었다. 요리사는 자신만이 가진 비법으로 이름을 날렸다. 고대에는 일

안휘의 고대인이 살았던 집의 부뚜막

반 식당에서 일하는 요리사를 '시주市厨'라고 불렀다. 요식업이 발전하면서 요리사도 분화되었다. 요리를 만드는 요리사, 간식과 간단한 음식을 만드는 요리사 등으로 나뉘었다. 요리 기술의 전수도 옛날처럼 스승 한 사람이 여러 제자를 직접 가르치는 게 아니라, 직업교육의 중요한 전공으로 대두되어, 학생들은 전문 기술학교에서 공부한 후 '중화인민공화국 직업자격증'을 얻을 수 있게 되었다. 이를 공부하는 학생은 요리 기술뿐 아니라 기초적인 영양학을 공부해야 한다. 요리사도 시험을 통과해야 진급할 수 있게 되었다.

고대에는 집에서 요리하는 주부를 '중궤中饋'라 불렀다. 정식 요리사는 아니었지만 요리 솜씨가 좋은 여성은 미식가의 구미를 당기게 만들곤 하였다. 뿐만 아니라 요리를 배우는 것이 시집가기 전 여성이 받는 가정교육의 필수 과목이었다. 오늘날 많은 여성들이 가정을 돌보기보다 사회생활을 하지만, 맛깔나는 밥상을 차리는 주부는 가족의 복이자 자랑거리임에 틀림없다.

중국의 음식 문화 발전에 가장 많이 공헌한 사람을 말하자면 산해진미의 감정자이자 총괄자인 문인 사대부를 꼽지 않을 수 없다. 그들이 기록한 자료를 통해 요리 기술이 전수되었고, 그들이 지닌 문화적 소양과 섬세한 감수성을 통해 중국요리 기술이 예술의 경지로 승화되었다. 그들은 요리를 창작하기도 했다. 맛에 일가견이 있었다는 송나라의 소동파蘇東坡가 독창적으로 만든 '동파육東坡

肉'은 맛·향·색이 아름다운 명요리로 꼽힌다. 청나라의 시인 원매 袁枚도 저서 『수원식단隨園食單』에서 14~18세기 중엽 326가지 요리, 산해진미, 죽 한 그릇에 이르기까지 각지의 맛을 기록하였고, 중국의 음식 역사에서 귀중한 자료가 되었다. 그는 세심한 음식평과 풍부한 요리 지식으로 후세에 고품격 미식가로 존경받게 되었다.

전통적으로 부유한 사람은 전속 요리사를 고용했고, 일반 식사에서부터 크고 작은 연회에 이르기까지 요리사들이 도맡았다. 부자는 식당에 가지 않고 자신의 집에서 주연을 베풀었다. 일류 요리사를 고용할 수 있는 능력이 있는 사람은 썩 괜찮은 자랑거리를 가진

중국요리를 만들 때는 불의 세기와 시간을 가장 중시한다.

셈이었다. 이런 사회 풍조에서 요리사들의 솜씨는 장족의 발전을 했다.

요리사의 기술로는 재료 배합과 칼 다루는 솜씨, 불의 세기와 시간, 구체적인 조리 방법 등을 들 수 있다. 일상생활에서 요리를 만드는 데는 채소류·어류·육류·알류, 그리고 네 가지 조미료가 쓰이고, 요리 기술이라 함은 이 네 가지 원료를 적절히 배합하고 조리하는 것을 일컫는다.

중국요리는 서양요리와 먹는 방법이 다르다. 예를 들어 레스토랑에서 스테이크를 주문하면 웨이터는 "구운 것으로 하시겠습니까, 기름에 튀긴 것으로 하시겠습니까? 얼마나 익혀드릴까요, 반만 익혀드릴까요, 80퍼센트 정도 익혀드릴까요? 아니면 완전히 익혀드릴까요?"라고 묻는다. 요리사는 손님이 요구한 대로 요리를 하고 조미료는 넣지 않는다. 스테이크가 나오면 손님이 양념을 가미해 먹는다. 소금이나 후춧가루를 얼마나 뿌리고, 레몬즙이나 토마토즙을 얼마나 넣을지는 손님의 입맛에 따라 정한다.

하지만 중국요리는 단지 메뉴에 따라 주문해야 한다. 요리를 어떻게 만들지, 부칠지 볶을지, 삶을지 찔지, 날로 할지 익힐지, 질기게 할지 부드럽

회족 식당의 요리사가 주방에서 요리를 하고 있다.

게 할지, 고추를 넣을지 말지, 식초를 뿌릴지 뿌리지 않을지, 기름은 얼마나 넣고 소금은 얼마나 뿌려야 할지, 손님이 특별히 요구하지 않는 이상 모두 요리사가 결정한다. 즉 한 요리사가 같은 음식을 만들기 때문에 요리법도 크게 다르지 않고, 누가 와서 음식을 먹든 같은 맛을 유지한다.

식재료 배합은 중국 요리사의 가장 중요한 기술이자 맛있는 음식을 만드는 기본이다. 음식 재료를 배합할 때는 원료의 종류나 원산지, 생장 시기뿐 아니라 요리로 완성된 후의 색·향·맛·모양·형태·맛의 어울림 등도 고려해야 한다. 예를 들어 '북경오리구이 北京烤鴨'는 무게 2.5킬로그램 가량의 북경산 사육 오리를 쓰는데, 너

중국의 떡은 모양과 포장을 매우 중시한다. 중화민국 시기
나무를 조각하여 색을 칠하고 포장지에 찍은 것

무 크면 고기가 질기고 너무 작으면 살이 없다. 또 '활류육편滑溜肉片, 채 썬 살코기와 불린 목이버섯을 주재료로 한 요리'을 만들 때는 돼지등심을, '하엽분증육荷葉粉蒸肉, 연잎찜 돼지고기'은 삼겹살을 이용해야 한다. 그리고 토마토와 달걀을 함께 볶으면 붉은색과 노란색이 어우러진 색의 조화를 만들어낼 수 있다.

토막 낸 것은 토막 낸 것끼리, 채 썬 것은 채 썬 것끼리 배합하여 모양의 일관성을 유지해야 하며, 맛에서도 부드러운 것은 부드러운 것끼리, 바삭한 것은 바삭한 것끼리, 질긴 것은 질긴 것끼리 곁들여야 한다. '어소두부魚燒豆腐, 생선과 두부'나 '산대초우어蒜薹炒魷魚, 마늘콩나물 오징어볶음' 등이 그 예다.

때로는 요리 특색에 따라 재료에 특수 처리를 한다. 항주의 유명 요리 '서호초어西湖醋魚, 서호생선조림'에는 현지 담수호에서 사는 산천어를 이용하는데, 신선하고 맛은 좋으나 생선에서 진흙 냄새가 나기 때문에 요리에 앞서 대바구니에 넣어 맑은 물에 이틀 정도 담가놓은 후 요리하면 색이 선명해지고 육질도 부드러워진다.

여러 가지 요리 재료를 배합할 때 건강에 좋은지도 당연히 고려해야 한다. 예를 들어 무는 열을 식히는 작용을 하기 때문에 성질이 뜨거운 양고기와 궁합이 잘 맞고, 시금치·토마토에는 산성 물질이 많이 함유되어 있어 칼슘이 많은 두부와 함께 볶으면 칼슘염이 생겨 위장의 흡수를 방해한다.

요리할 때 불의 세기와 음식물이 불 위에서 익는 시간을 '화후火候'라고 한다. 화후는 중국요리에서 가장 중요한 동시에 조절하기 가장 어렵기도 하다. 기름에 부치거나 볶을 때 센 불로 하는데 그렇지 않으면 재료가 너무 숨이 죽는다. 삶을 때는 약한 불로 해야 하고, 너무 센 불로 오래 삶으면 재료가 말라서 쪼글쪼글해진다. 튀김은 너무 오래 조리하면 음식이 질겨지고 맛이 변한다. 생선요리에서 화후가 무엇보다 중요한데 잘 익힌 생선은 색이 옥처럼 희며 육질은 단단하다. 어떤 음식물은 삶을수록 부드러워지기도 하는데 달걀·콩·팥 등이 그런 경우다. 반면 생선·조개·바지락 같은 수산물은 오래 삶을수록 질겨진다.

화후는 짧은 시간에 강약과 시간을 조절해야 하기 때문에 요리

경험이 부족하면 실패하기 쉽다. 때문에 중국 요리사들이 솜씨를 겨룰 때 화후를 얼마나 잘 조절하는가에 따라 명요리사가 되기도 하고 그렇지 못하기도 한다.

경험 많은 요리사라면 부드럽게 만들 것은 부드럽게, 바삭하게 해야 할 것은 바삭하게 만들 수 있어야 하며, 단맛·신맛·짠맛· 매운맛·담백한 맛의 음식을 적절히 만들어낼 수 있어야 한다. 돼지간볶음은 센 불로 기름을 70~80퍼센트 가열해 기름에서 푸른색 연기가 피어날 때 돼지 간을 팬에 넣어 빠르게 뒤집으며 볶아야 한다. 전분은 좀 더 볶은 후 넣으면 된다. 화력이 약하면 돼지 간이 질

겨지고 화력이 너무 세면 팬이 너무 달궈져 돼지 간이 갑자기 익어 육질의 부드러움에 영향을 줄 수 있다.

'화후'는 연료가 연소되는 화력의 상태를 뜻한다. 하지만 요리할 때는 말처럼 간단하지 않다. 요리의 원료, 취사 도구, 열전도 매개물은 화후와 관계 있다. 요즘은 가스레인지로 요리하지만 예전에는 땔감으로 요리했다. 오랜 시간을 거쳐오면서 저마다 다른 장작으로 밥을 지음으로써 다른 맛을 낼 수 있음을 알게 되었다. 예를 들면 뽕나무로 오리 등 육류를 삶으면 쉽게 무르며 해독 작용도 생긴다. 짚불로 밥을 지으면 정신을 안정시키는 효과가 있다고 한다. 밀짚으로 불을 지피면 갈증이 해소되고 소변을 잘 보게 되며, 소나무 장작으로 밥을 지어 먹으면 근골이 건강해진다고 한다.

하지만 차를 끓이기에는 좋지 않다. 차를 끓일 때는 숯불을 사용해야 한다. 띠뿌리茅根를 쓰면 눈이 밝아지고 해독 효과를 얻을 수 있다. 보약을 달일 때는 갈대·대나무 장작 등을 사용한다. 이런 풍습은 일부 지역에서 보존되고 있지만 도시에서는 불가능한 방법이다.

현대인은 더욱 다양한 취사 도구를 사용할 수 있다. 볶음요리는 강한 화력으로 단시간에 익혀야 하기 때문에 바닥이 둥근 볶음용 솥을 써야 한다. 부칠 때에는 화력이 골고루 전달되어야 하므로 바닥이 평평한 철제 솥을 이용한다. 노모계돈탕老母鷄燉湯, 늙은암탉백숙 · 배골돈라복排骨燉蘿蔔, 무를 넣어 끓인 돼지갈비 · 은이연자탕銀耳蓮子湯, 백목이버섯연

식당의 주방에서 요리사가 음식을 만들고 있다.

^{자탕} 등은 뚝배기를 이용해 작은 불로 천천히 푹 삶는다.

도공^{刀工}은 요리사가 재료를 자르는 것을 가리킨다. 동서양 요리 기술의 차이는 이 부분에서 명확하다. 중국 음식은 요리사가 공들여 자른 후 팬에 넣지만, 서양 음식은 먹을 때 포크와 나이프로 잘라 가면서 식사한다. 중국 요리사가 도공을 더욱 중시하고 이 역시 자랑할 만한 기술이다. 직도법^{直刀法}, 편도법^{片刀法}, 사도법^{斜刀法}, 기도법^{剞刀法, 칼집내기} 등 칼질에는 100여 가지가 있는데, 그 방법 또한 쉽지 않다.

'초요화^{炒腰花, 돼지콩팥볶음}'는 흔히 먹는 요리지만 여기에 사용되는 칼질은 10가지가 넘는다. 볶은 콩팥은 보리 이삭 모양, 여지^{荔枝. 열대}

^{과일} 모양, 수^壽자 모양, 빗 모양, 난초 모양, 도롱이 모양 등 여러 가지다. 식재료에 따라 칼질도 다르기 마련인데 '소고기는 가로 썰기, 닭고기는 결 따라 썰기'가 이러한 이치를 두고 하는 말이다. 소고기의 근육 섬유는 거칠어 근육의 결과 직각 방향으로 칼질해야 고기가 쉽게 익는다. 반면 닭의 근육 섬유는 가늘어 근육의 결을 따라 썰어야 부드러운 고깃살을 유지할 수 있고, 그렇게 하지 않으면 조금만 볶아도 살이 부스러진다.

음식을 정말로 잘 만들 수 있는가 없는가는 조리 기술에 달려 있다. 서양의 요리법이 튀기기 · 삶기 · 굽기 정도인 데 비해 중국 요리법은 너무나 다양하다. 볶기 · 데치기 · 튀기기 · 볶은 후 걸쭉

몽골족 여인이 게르에서 양고기 소를 넣은 포자包子를 찌고 있다.

하게 요리하기 · 푹 고기 · 삶기 · 찌기 등 20종류는 족히 된다. 게다가 각 방법마다 대표적인 명요리가 있다. 가장 보편적인 요리법은 '볶음'이다. 볶음은 외국인이 이해하기 어렵다. 영어로 볶음에 해당되는 단어가 없어 보통 'stir fry'로 번역한다. 뿐만 아니라 서양에는 볶음 전용 솥이 없다.

중국 가정에서는 볶음요리를 할 때 솥을 그리 중요하게 여기지 않는다. 대개 솥 하나로 음식을 볶거나 탕을 끓이는 등 여러 가지 음식을 한다. 전문 요리사는 볶음 전용 솥을 사용한다. 볶음용 솥은 손잡이가 하나라서 들고 상하좌우로 뒤집을 수 있다. 솥을 뒤집어 각종 재료가 골고루 섞이게 하고, 화후도 적절히 전달되어 골고루 잘 익는다. 솥 뒤집기는 상당히 복잡하다. 동작이 계속 연결되게 일련의 순서가 있고, 어떤 요리사의 솥 뒤집기는 서커스처럼 솥을 들고 한 번 휘두르면 울긋불긋한 재료가 공중에서 우아한 선을 그리며 순서대로 솥으로 낙하한다. 이처럼 뒤집어 섞고 흔드는 볶기는 바닥이 평평한 서양식 프라이팬으로는 보여줄 수 없는 기술이다. 이는 중국 요리사만의 특별한 기술이라 할 만하다.

한나라 이전에는 볶는 요리법이 없었다. 당시에는 주로 탕을 끓이거나 불에 굽고, 물에 삶거나 기름에 튀겼다. 이후 볶는 요리법이 발명되고 나서 많은 사람들이 이를 받아들였고 보편적인 요리법이 되었다. 심지어 볶기는 모든 요리법을 대표하는 말이 되었다. 중

하남의 태행산太行山에 있는 소박한 농가의 부엌

국인은 솥을 움직여 요리를 만드는 것을 부치거나 튀기거나 삶거나 찌는 것에 관계없이 모두 '볶음요리'라고 부른다.

빛깔·냄새·맛은 음식의 우열을 가리는 데 가장 중요한 종합적인 기준이며 이것들이 모두 훌륭해야 비로소 좋은 요리라고 할 수 있다. 이런 효과를 가장 손쉽게 볼 수 있는 것이 볶음이다. 볶기는 식재료의 종류와 양에 관계없이 모든 재료를 한 가지 요리로 볶아낼 수 있고, 빛깔을 더 선명하고 먹음직스럽게 한다. 볶을 때는 뜨거운 기름과 센 불로 재료를 볶는데, 가장 손쉽게 맛을 낼 수 있으며, 요리의 향이 순식간에 퍼져나간다. 특히 기름에 으깬 마늘이나 파를 볶는 냄새는 진하게 코를 자극한다. 게다가 보통 재료를 단

시간에 볶아내기 때문에 영양 성분이 그대로 보존되고 재료를 빨리 익힐 수 있어 영양 만점의 요리를 할 수 있는 방법이다.

세계적으로 음식을 중시하고 요리에 정통한 국가와 지역은 역사적으로 고도로 발달한 문화가 있고 사회적으로도 풍요로웠다. 이로써 음식에 재미와 기술을 추구할 여유를 갖게 된 것이다. 수준 높은 조리 기술로 중국요리는 독특한 매력과 특색을 가지게 되었다.

이 또한 시대적인 도전에 직면하고 있다. 예를 들면 식품 가공업이 기계화 · 자동화됨에 따라 슈퍼마켓에서는 재료가 완비된 반제품이나 냉동식품이 인기리에 판매되고, 지능화된 전기 취사 도구의 출현으로 가정에서는 자동 프로그램에 따라 요리가 만들어지게 되었다. 재료 배합 · 화후 · 도공 등 기본적인 조리 기술은 더욱더 설 자리를 잃게 되었다. 중국의 조리 기술은 영역이 점차 축소되고, 특히 대량 생산되는 식품에 자리를 내주어야 할 위기에 처했다. 하지만 중국인이 음식의 색 · 맛 · 향을 중시하는 오랜 풍습으로 '곡식은 곱게 빻고, 고기는 가늘게 썰어야 한다'는 전통이 계속 이어지게 되었다.

먹는 것이 보약

식이요법, 자양강장 요리, 채식, 섭생

중국의 음식 문화에서 매우 중요한 부분은 식이요법이다. 중국에는 자고로 음식을 약으로 약을 식사로 삼는 전통이 있다. '농업의 신' 신농씨는 사람들을 가르쳐 농사를 짓게 했을 뿐 아니라 각종 풀을 두루 맛본 약의 왕이기도 했다. 신화이기는 하지만 중의학의 중요한 사상을 보여준다. 바로 '약과 음식은 뿌리가 같다醫食同源'는 것이다. 밥을 배불리 먹는 것과 병을 예방하고 치료하는 것은 밀접한 관계가 있다는 것이다.

예로부터 중국에서는 섭생을 중시했다. 『황제내경黃帝內經』에서 증상에 따른 음식과 음식에 대한 다양한 관점을 처음 제기했다. 음식이 다양해야 비로소 완전한 맛과 영양을 얻을 수 있으며, 어느 한 가지 맛이 지나쳐 오장육부에 해를 입히지 않게 한다고 전한다. 평소 먹는 음식으로 체질을 강화하고 질병을 예방하는 것이 중국 음식 문화의 중요한 부분이다. 약물과 비교하여 음식은 부드러우며, 각각의 음식은 독특한 성분을 함유하고 있어 우리 몸속에서 저마다 다른 작용을 한다. 열을 내리는 것에 대해 중의학은 배는 폐를 맑게 하고, 바나나는 장의 열을 없애주며, 키위는 방광의 열을 내린다고 한다.

각각의 음식물이 서로 맛이 다르듯 인체에 미치는 작용도 다르다. '신맛은 간에, 매운맛은 폐에, 쓴맛은 심장에, 짠맛은 신장에, 단맛은 비장에 들어간다'고 여기며, 각 원소는 각기 다른 장기로 흡수되어 각각의 효능을 발휘한다. 음식물의 특성과 영양 성분으로 신체의 기능에 영향을 주고, 음식을 약으로 삼는 것이 중국 음식 문화의 가장 독특한 특징이다.

상어 지느러미를 파는 광주廣州의 가게

이 밖에 음식으로 몸을 보양할 때는 사계절의 변화와 사람의 연령 차이를 중시한다. 봄은 추웠다가 따뜻해지는 시기이므로 매운 채소를 먹어 오장의 기를 통하게 해야 한다. 여름은 습하고 덥기 때문에 녹두탕, 산매탕酸梅湯, 백합탕, 량차凉茶, 다양한 약재를 끓여 만든 음료 등을 마셔 더위를 물리치고 몸을 보호하게 한다. 가을은 건조하기 때문에 배·감·올리브·무·목이버섯같이 폐를 보호하고 깨끗하게 하는 음식을 많이 섭취해야 한다.

민간에서는 무를 선호했다. 값싸고 몸을 건강하게 하는 효과도 뛰어났기 때문이다. 나복소배골蘿蔔燒排骨, 무를 넣어 끓인 돼지갈비, 나복돈양육蘿蔔燉羊肉, 무를 넣은 양고기 조림은 식이요법으로 건강을 지킬 수 있는 음식이다. 왕밤·참마·우렁이도 가을 보양식이다. 겨울은 보약이나 자양 식품을 먹기에 가장 좋은 때이고, 겨울이 되면 닭·돼지 다리·소와 양고기·용안·호두·참깨 등 고지방, 고열량의 음식을 먹곤 한다.

연령에 따라 식이요법도 다르다. 중년은 육체가 약해지기 시작하는 시기이므로 몸을 건강히 할 고열량 음식이 필요하며, 노화를 방지하는 식품 섭취를 늘려야 한다. 노인은 신진대사가 느리기 때문에 네 발 가진 짐승소, 양, 돼지의 고기를 적게 섭취해야 하며, 두 발 가진 조류나 한 발 가진 버섯류, 다리가 없는 어류를 많이 먹어야 한다. 중국인은 이런 건강 상식을 잘 알고 있다.

"식이요법은 약을 먹는 것보다 음식으로 보양하는 것이 낫고 약물 치료보다 낫다"라는 말이 있을 만큼 중국 민간에서 성행했는데, 흔히 먹는 채소나 과일로 병을 예방하거나 치료하곤 했다. 일반 가정에서는 감기에 걸리면 생강으로 편을 뜬 다음 파의 흰 부분과 흑설탕을 넣어 탕을 끓여 마신 후 두꺼운 이불을 덮어 땀을 냈고 효과도 뛰어났다. 청돈노모계淸燉老母鷄, 늙은 암탉에 양념을 넣지 않고 삶은 요리, 소

인삼은 가장 좋은 보약

음식으로 몸을 보하려면 제철 재료로 만든 것이 좋고, 계절에 따라 추가되는 식재료도 다르다.

미가홍당小米加紅糖, 홍당기장죽과 볶은 참깨는 산후 조리에 가장 좋은 음식으로, 산모의 체력 회복을 도와주며 몸을 따뜻하게 한다.

한약재를 섞은 자양강장 식품은 한약과 음식을 함께 요리한 것으로 약재의 종류와 사용량이 엄격히 제한되고, 음식으로 약을 삼는 식이요법과는 차이가 있다. 강장 식품은 약을 먹기 좋게 가미한 것으로 약 복용을 식사처럼 바꾼 것이다. 약과 요리가 결합하여 새로운 음식이 되어 음식의 맛도 내고 약의 효과도 얻을 수 있다. 이로써 중국의 식이요법학을 새로운 단계로 발전시켰다.

족발은 건강뿐 아니라 피부에도 좋다.

오늘날 인기 있는 강장 식품은 죽, 밀가루 음식, 탕과 고기 등으로, 충초압자蟲草鴨子, 동충하초 오리 · 백과전계白果全鷄, 은행을 넣고 끓인 닭요리 · 황기돈계黃芪燉鷄, 황기찜닭 · 미주초전라米酒炒田螺, 달팽이 · 술이 주재료인 약선 요리 · 연자저간蓮子猪肝, 연자육 · 돼지 간이 주재료인 보양식 · 백합죽 등은 흔히 볼 수 있다. 중국에서는 강장 식품을 파는 요릿집이 성업 중이다.

중국의 강장 식품은 현지에서 더욱 확대되고 발전되었을 뿐만 아니라 해외에서도 호응을 얻었다. 또한 해외의 식생활까지 파고들어 국화주 · 우롱차 등 중국의 전통 음료가 인기를 끌고 있다. 서양

약재를 넣고 끓인 기과오계氣鍋烏鷄, 오골계찜

의 유명한 술 '진^{Gin}'의 주재료는 측백나무의 열매인데 마음과 정신을 안정시키는 작용을 한다.

점점 더 많은 외국인이 중국의 식이요법과 강장 식품을 받아들인다는 사실은 사람들이 건강과 장수를 기원하고 있음을 보여주는 예다. 양약으로는 여러 가지 병을 고칠 수 있지만 화학물질이기 때문에 부작용도 있으며 영양가 있다고는 말할 수 없다. 그러나 중국의 강장 식품은 천연 재료로 만들어 장기간 섭취해도 안전하며, 더욱 중요한 점은 몸을 보양하고 건강을 지킬 수 있어 저항력을 높여줌으로써 섭생을 실천할 수 있다.

맛은 각 지방 요리의 특색을 나타내지만 섭생의 측면에서 보면 음식이 짠맛 · 단맛 · 신맛 · 매운맛에 치우치면 인체에 해가 된다. 소금을 지나치게 섭취하면 심장 · 비장 · 신장을 손상시키고 고혈압을 유발할 수 있다. 신맛과 매운맛 나는 음식을 지나치게 섭취하면 위 점막 조직을 자극하여 위궤양을 유발한다. 섭생에서 강조하는 바는 다섯 가지 맛이 어느 한쪽으로 치우치지 않는 것과 음식을 담백하게 먹어야 한다는 것이다.

옛날에 중국인은 고기를 많이 먹지 않았고 육식은 중국인의 식단에서 그리 중요한 위치를 차지하지 않았다. 이는 경제 발전 수준과 매우 밀접한 관계가 있다. 섭생학과 영양학 차원에서 채식을 위주로 하고 고기로 보완하며, 육류와 채소를 조화시킨 전통적인 식

생선 대가리를 먹으면 장수한다고 한다.

단은 육류 위주의 서양 식단에 비해 더 합리적이며 과학적이다.

채식의 발전은 불교 전파와 밀접한 관계가 있다. 불교가 중국에 소개되었을 때 불교도의 식사에는 엄격한 금기사항이 없었지만, 이후 남조南朝, 송·제·양·진, 420~589년 시대의 독실한 불교도인 양무제가 육식은 살생이므로 불교 계율을 위반한다고 여겨 채식을 제창했다. 승려들의 육식이 금지되었고, 술을 마시고 고기를 먹는 승려는 엄벌에 처했다. 때문에 불교 사원에서는 술과 고기가 엄격히 제한되어 승려는 1년 내내 채식을 하게 되었다. 뿐만 아니라 집에서 수행하는 '거사居士'들에게도 영향을 미쳤고, 채식하는 사람이 증가하면서 완전 채식이 이루어졌다.

송대에 이르러 문인·사대부의 숭상으로 채식이 성행했고, 두부·글루텐·채소 등을 주재료로 한 요리가 미식으로 간주되었다. 거리의 식당에서도 불교도의 수요를 만족시키기 위해 완전 채식을 개발·취급하기에 이르렀고, 사원의 채식에도 영향을 많이 미쳤다. 채식은 그것만으로는 맛이 나지 않기 때문에 많은 사람이 받아들이려면 요리를 해야 했고, 그런 다음에 비로소 채식이 산해진미에 버금가는 요리로 다시 태어날 수 있었다.

예로부터 중국인은 죽을 먹으면 장수한다고 생각하여 매일 이른 아침 공복에 맑은 죽 한 그릇을 먹었다. 민간에서는 죽을 먹어 병을 예방하고 건강을 지키는 섭생법을 실천했다. 예를 들어 당근죽으로 고혈압을 예방하거나, 채소죽으로 비

명대 심주沈周의 〈책장도策杖圖〉는 세속을 떠나 고요한 삶을 갈망하던 낭만적인 정서를 잘 보여준다.

타민 섭취를 늘려 정력을 증진하고 원기를 보충한다는 것이다.

중국인에게 제일가는 건강식은 담백하고 싱겁게, 고기와 생선 등 기름진 고기를 덜 먹고, 채식을 자주하며, 죽을 많이 먹는 것이었다. 채소·버섯·콩류를 섭취하면 소화가 잘되고 영양도 풍부한데, 이들은 현대 의학에서 널리 보급할 가치가 있는 건강 식품으로 증명되었다. 하지만 오직 채식만 하면 칼슘이나 동물성 단백질같이 인체에 필요한 영양소가 부족해진다는 것을 알게 되었다. 오늘날 건강에 대한 인식은 더욱 정확해졌고, 영양학·건강학에서도 합리적인 식단을 중요하게 여기게 되었다.

금기 사항

중국인의 철학은 전통적으로 '천인합일天人合一'을 중시한다. 이는 식생활에서도 나타나는데, 음식을 섭취하는 자와 음식 간의 궁합과 공생이 바로 그것이다. 때문에 중국인은 일상 음식에도 금기가 많다. 예를 들어 음식 간의 궁합, 절기를 따져야 하고 일상 식사에서 금기 사항을 지켜야 한다. 또한 알레르기를 일으키는 음식과 가려서 먹어야 하는 음식에 주의해야 한다. 이 가운데는 오랜 세월 내려오던 금기도 있고 현대 과학 이론에 따른 것도 있다. 어찌되었든 먹는다는 것이 그리 간단한 문제는 아닌 게 분명하다.

중국인은 음식의 궁합을 중시했다. 교자는 식초에, 대파를 말아 넣은 전병은 간장에 찍어 먹으며, 유조油條, 꽈배기를 먹을 때는 두장豆漿, 콩물을 마신다. 또한 면 요리에는 고명을 빼놓을 수 없다. 가정식 백반에는 반드시 고기 요리와 채소 요리가 함께하는데 이를 '육류와 채소의 조화', 즉 '음양 조화'라고 한다.

이 밖에도 주식과 부식의 궁합도 따진다. 예를 들어 쌀과 소고

찹쌀가루로 만든 음식은 맛은 좋지만 소화가 잘 되지 않는다.

기를 함께 먹으면 소고기의 단맛과 담백함이 쌀의 씁쓰레한 맛과 따뜻함과 조화를 이루어 주식과 부식의 훌륭한 조합이 된다. 양고기와 기장, 돼지고기와 조, 조류와 밀가루 음식 또한 궁합이 좋은 편이다. 이와 반대로 상극인 음식을 함께 먹으면 건강에 도리어 해를 가져올 수 있다. 꽃게와 감, 갓과 토끼고기 등은 함께 먹어서는 안 된다. 여러분은 회식 뒤에 속이 더부룩하고 불편하며 몸이 아팠던 경험이 한두 번은 있을 것이다. 이는 여러 종류의 음식을 지나치게 많이 섞어 먹었거나 성질이 서로 맞지 않는 음식물을 섭취했기 때문이다.

민간에서 전해 내려오는 먹을거리에 대한 금기 사항을 보면 절기에 따른 특징, 절기와 계절의 변화에 따라 달라진다는 것을 알 수 있다. 같은 음식이라도 먹기에 가장 적합한 시기와 먹기에 맞지 않는 시기가 있는데 이를 '시령식기時令食忌'라고 한다.

민간에서는 지금도 겨울과 봄, 두 계절에 부추를 먹으면 허리와 무릎을 따뜻하게 할 수 있으나 여름에 먹으면 눈이 흐려진다고 믿는다. 강서 사람은 여름에 신선한 고추를 즐겨 먹었고, 겨울에는 말린 고추를 먹었으며, 가을에는 고추를 거의 먹지 않는다.

일상 식습관에서도 중국인은 금기가 많다. 예를 들어 아침에는 마른 음식이나 달걀만 먹어서는 안 되며, 식사 때는 흡연을 삼가고,

좌 청진식당에 가면 일반 가정집에 손님으로 간 듯한 느낌을 받는다. **우** 각종 말린 과일

TV를 보면서 식사하지 않는다. 식사 중 화를 내는 것은 더더욱 피한다. 식사 전후에는 물을 마시거나 찬 음료를 마시지 않으며, 식후에 진한 차를 마시는 것을 피하며, 바로 과일을 먹지도 않는다. 오랜 시간 목을 사용하면 바로 찬 음료를 마시지 않으며, 여행길에 오르기 전에는 지나치게 많이 먹지 않는다. 운동 후에 당분을 과도하게 섭취해서도 안 된다.

일상생활에서 식사할 때는 금기에 크게 신경 쓰지 않는 사람도 있겠지만, 몸에 병이 생기거나, 임신이나 출산 같은 특수한 상황에서 음식 금기는 반드시 준수해야 한다. "의약으로 질병을 치료하는 것은 30퍼센트에 불과하고 나머지 70퍼센트는 양생에 있다三分治療七分養護"라는 격언이 있다. '알레르기를 일으키는 음식'을 알지 못하고 '가려 먹어야 할 음식'을 소홀히 하면 음식 섭취가 적절히 이루어지지 못해 몸에 나쁜 반응을 일으킬 수 있고 심하면 병을 악화시키기도 한다.

알레르기를 일으키는 음식은 질병을 유발할 수 있는 식품인데, 닭머리·돼지머리·해산물·어류·소고기·양고기와 각종 조미료 등 광범위하다. 전통적인 중의학에서는 환자의 음식에 많은 제한을 두는데, 병증과 체질에 따라 가려서 먹어야 할 음식도 달랐다.

몸이 허하고 사지가 찬 사람은 수박·바나나·배같이 찬 성질의 음식을 금했다. 열이 나고 목이 마르며 잠을 설치고 심란한 사람

위구르족 무슬림은 친구나 친지의 결혼 피로연에서 손으로 양고기밥을 먹는다.

은 생강·후추·백주 등을 섭취하지 않은 것이 좋다. 천식이 발병하면 달걀·우유·생선·새우 등 고단백 식품은 피해야 하며, 감기가 걸리면 찬 음료나 음식, 기름지고 끈적거리며 자극성이 강한 음식물은 피하는 것이 좋다. 보약을 복용하는 기간에는 차와 무를 되도록 적게 섭취해야 한다. 그렇지 않으면 약의 효능이 떨어질 수 있다.

요리의 맛을 내는 파·마늘 등은 본래 중국인이 볶음요리를 할 때 자주 쓰는 조미료로, 특히 북방 사람은 생파와 마늘을 즐겨 먹었다. 파와 마늘도 알레르기를 일으키는 식품으로 일부 환자와 몸에 화기가 있는 사람은 먹어서는 안 된다. 노인은 파와 마늘을 많이 먹으면 눈이 건조해지고 시력에 문제가 생길 수 있다.

임산부는 전체적인 영양을 고루 생각해야 하며 맵거나 뜨겁고 마르거나 기름진 음식 등 소화가 잘되지 않는 음식은 피하는 것이 좋다. 산후에는 붕어·족발·달걀 같은 알레르기성 식품을 먹어 젖이 돌게 한다. 단, 아이를 낳고 3~4일간은 채소를 먹는다. 육류·잉어·붕어 같은 알레르기성 식품을 섭취하면 산모의 상처 치유에 좋지 않다고 여기기 때문이다. 하지만 가물치는 몸을 따뜻하게 하고 기를 보하여 상처 치유에 좋다고 한다.

중국인의 음식 금기 가운데 과학적 근거 없이 민간 풍속에 기인한 것도 있다. 그 예로 일부 지방에서는 언청이 아이가 나온다 하여 임산부에게 토끼고기를 먹지 못하게 하고, 당나귀고기는 아이

얼굴이 길어진다고 금했다. 자라·장어·미꾸라지 등도 먹을 수 없는데 머리·얼굴·눈이 작은 아이가 태어난다고 여겼기 때문이다. 이러한 음식 금기에는 과학적으로 아무런 근거가 없지만, 태어날 아이에 대한 부모의 희망을 담고 있으며 중국 민속 문화의 한 부분을 엿볼 수 있다.

이처럼 중국의 음식 연구 범위가 얼마나 큰지도 알 수 있다. 음식과 문화는 상호 연관성이 있다. 한 문화권에서 즐겨 찾는 음식이 다른 문화권에서는 금기일 수 있다. 인도 사람은 소를 신성시하여 법으로 도살을 금지하고 있으며, 유대인은 돼지고기를 꺼린다. 반면 구미 지역 사람은 이를 즐겨 먹는 대신 일부 민족이 먹는 곤충이

두부는 만들기 쉽고 영양이 풍부하며 여러 가지 요리로 만들 수 있다.

나 개고기 등은 터부시한다. 음식에 대한 금기 사항은 음식 문화 속 일종의 금기 문화라 할 수 있다. 금기 문화는 일상생활에서 발현 이외에 한 국가 또는 지역 간의 종교·민족·산업 습성·전통과도 밀접한 연계성을 지닌다.

종교에서 중국의 음식에 대한 금기 사항은 불교·도교·이슬람교 문화의 영향을 받았다. 예를 들어 한족 전통 불교는 신도의 육식을 금했는데, 육식은 곧 살생이요 율법에 어긋나는 일이라 믿었기 때문이다. 그러나 인도·스리랑카와 중국 티베트 불교의 승려는 이러한 제약을 받지 않고 오히려 고대의 예법을 더 중시하여 지키고 있다. 즉 제사를 모시기 전에는 목욕하고 옷을 갈아입으며, 술과 고기를 먹지 않음으로써 마음의 경건함과 독실함을 표한다. 한대에 불교가 전해지면서 신자에게 고기와 술을 금지한 것은 한족 고유의 풍습과 공통적인 문화가 있었기 때문이다.

불교가 음주와 고기를 금지하는 것과는 출발점이 다르지만, 중국 본토에서 생겨난 도교에서도 역시 음주와 육식을 금하고 있다. 이는 장을 보호하고 정신을 수양하기 위해서다. 도교인은 복잡한 맛을 좋아하지 않는다. 그들은 신선이 속세의 요리를 먹지 않았기 때문에 득도하여 신선이 되었다고 여겼다. 또한 신도들의 생리적인 욕구를 제한하기 위한 것과도 관련 있다.

이에 비해 이슬람교에서 금하는 음식은 『코란』의 규율에서 비

고구마 총생산량은 전 세계의 80퍼센트 이상이다. 일상생활에서 고구마를 먹는 비중은 그리 크지 않다.

롯된다. 이는 전 세계 무슬림의 공통된 생활 습관이 되었고, 무슬림이 먹는 청진음식의 특징은 돼지고기와 돼지기름, 도축하지 않은 고기가 없고, 알코올도 없으며, 취하게 만들거나 독성 있는 어떤 재료도 사용하지 않는다는 점이다. 중국의 회족·위구르족·카자흐족·키르키스족·살랍족·동향족·보안족·다지크족·타타르족·우즈베크족 등은 이슬람교를 믿는 민족이고, 이 같은 전통을 지키고 있다. 이들의 풍습과 전통은 중국에서 폭넓게 존중받으며, 도시든 농촌이든 무슬림이 모여 있는 곳이라면 어디든 가게·

식당·호텔·학교·병원·비행기·기차 등 무슬림 음식을 먹을 수 있는 공공장소가 있고, 음식을 시킨 사람이 요구하기만 하면 특별 조리된 무슬림 요리를 맛볼 수 있다. 중국 정부는 무슬림 요리에는 반드시 '청진淸眞, Halal'이라는 글자를 표기하여 다른 음식과 구분하여 보관하고, 다른 운송 수단을 이용하여 운송하며, 별도로 판매하도록 규정하고 있다.

그 밖에도 민족과 지역적 특성과 풍습, 특정 산업의 전통 역시 음식에 대한 금기 사항 생성에 지대한 영향을 미쳤다. 예를 들어 남방의 일부 지역에서는 뱀고기를 진미라 여기지만, 또 어떤 지역에서는 뱀을 먹는 행위는 신성 모독이라고 생각했다. 그들은 뱀이 인류를 보호하는 신령이라고 생각하여 뱀고기를 먹지 않을 뿐만 아니라 보호하고 아껴야 한다고 생각했다. 이렇게 함으로써 인간과 뱀이 조화롭게 공존할 수 있다고 여겼다.

연해 지역의 어민은 직업적인 특수성 때문에 먹을 때 금기 사항이 매우 많다. 그들의 요리는 대부분 생선이다. 새해를 맞고 처음 먹을 생선은 반드시 살아 있는 채로 뱃머리에서 용왕에게 제를 올려야 한다. 생선을 먹을 때 뒤집어서는 절대 안 되고, 반드시 윗부분을 다 먹은 후 뼈를 발라내고 아랫부분의 살을 먹는다. 식사할 때 생선을 다 먹어서는 안 되고, 반드시 조금 남겨서 다음 끼니 때 먹을 생선 요리에 넣는다. 이는 생선이 계속 잡히기를 바라는 뜻에서

슈퍼마켓의 과일 판매대

비롯되었다. 또 생선가시나 국물같이 먹다 남긴 음식은 바다에 버려서는 절대 안 된다.

중국 서부의 티베트인은 고기를 먹을 때 금기 사항이 매우 많다. 뱀과 수산물은 먹지 않고 어떤 이는 닭고기와 달걀도 먹지 않는다. 티베트인은 조류와 야생닭도 절대 잡아먹지 않는다. 특히 설산雪山 닭은 티베트인들의 신조神鳥다. 소고기나 양고기를 먹기는 하지만 그날 잡은 고기는 먹지 않고 반드시 하루 지난 뒤에 먹는다. 티베트인은 축생일지라도 영혼이 있기 때문에 죽은 지 하루가 지나야

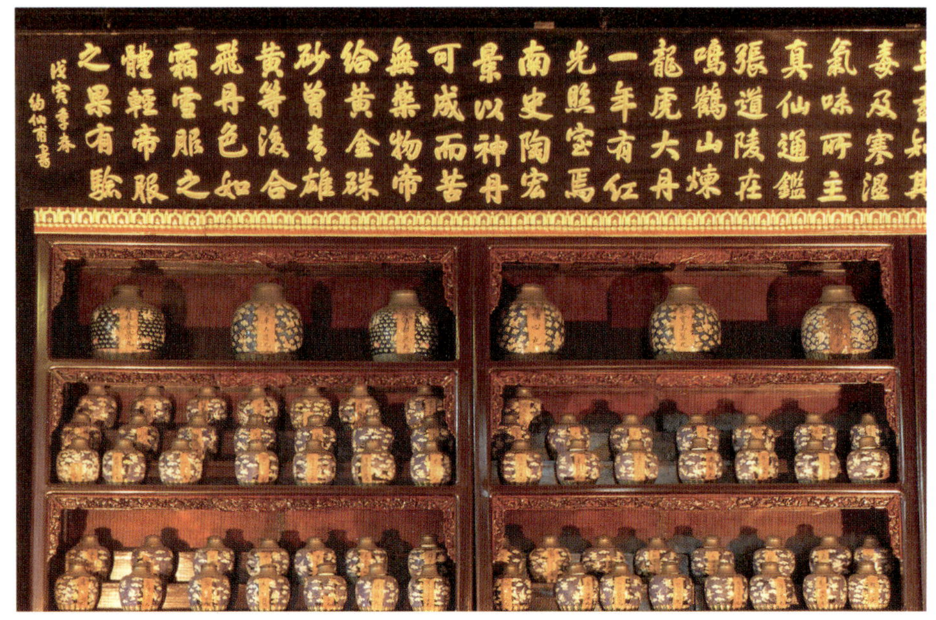

옛 중의약방

만 영혼이 몸을 떠난다고 믿는다. 티베트인은 마늘도 먹지 않는다. 신을 모시고 참배하는 곳이라면 마늘을 먹음으로써 신성한 곳을 더럽혀서는 절대로 안 된다.

여러 민족·지역의 금기 음식을 비교하는 것도 재미있는 일이다. 민족에 따라 금지하는 요리가 완전히 반대인 경우도 있다. 묘족苗族은 개를 죽이거나 때리거나 개고기를 먹는 것을 금하지만, 조선족은 손님에게 대접하기에 가장 좋아하는 요리가 개고기다. 묘족은 주연에서 닭고기와 오리고기로 손님을 대접하고, 특히 심장과 간을

최상으로 여겨 손님이나 연장자에게 먼저 대접하지만, 노족怒族은 닭을 죽여 손님에게 대접하는 것을 가장 금기시한다. 노족의 집에 초대받아 갔을 때 닭고기를 달라고 해서는 안 된다.

어떤 민족의 금기 사항은 선뜻 이해하기 어려운 경우도 많다. 예를 들어 운남의 이족彝族은 음식을 버무릴 때 젓가락이 부러진 음식은 절대 먹지 않고, 밀가루를 빻을 때 맷돌의 축이 부러진 밀가루는 절대 먹지 않는다. 또 양을 마당으로 끌고 와 도축하려고 할 때 양이 갑자기 울면 죽이지 않는다. 식탁에 요리를 올리고 모두 차렸지만 닭 한 마리가 식탁으로 뛰어오르면 요리를 전부 다시 만든다. 아이는 닭의 위와 꼬리, 돼지의 귀, 양의 귀를 먹어서는 안 된다.

　종교, 민족, 지역적 풍습에 따라 금기하는 음식은 옳고 그름이나 우열을 논할 수 없다. 흥미로운 점은 이런 금기가 우연히 독특한 별미 요리를 탄생시켰다는 것이다. 중국 특유의 전소찬全素餐, 완전한 채식이 가장 좋은 예다. 많은 사찰과 도관道觀, 사원은 자신들만의 맛있는 채소 요리가 있고, 깔끔한 맛, 우아한 풍미, 화려하고 다양한 메뉴, 조리법 등에서 고기요리에 절대 뒤지지 않는다. 북경 법원사法源寺의 구마과파口蘑鍋巴, 표고버섯 소스를 튀긴 누룽지에 부어 먹는 요리, 남경 보은사報恩寺의 연향고軟香糕, 쌀가루·박하즙으로 만든 떡, 효당화상曉堂和尙의 우수두부간牛首豆腐干, 고급 건두부 요리, 하문 남보타南普陀의 탕채湯菜, 국물요리는 각 사찰의 내로라하는 요리다.

레스토랑 열전

중국의 요식업은 시대적 변화와 새로운 생활 방식이라는 도전에 직면했다. 1950~60년대에 요식업을 포함한 각종 산업에서 국영·민영 공동으로 경영이 시작되면서 식당과 음식점은 예전에 공개하기를 꺼려했던 요리 비법을 교류하고 개선하게 되었다. 또 일부 맥이 끊어졌던 전통 요리도 재발견되면서 새로운 요리가 쏟아지는 현상이 나타났다.

그러나 당시 사치를 배척하고 절약을 강조하는 사회 풍조가 만연해 음식에 관심을 갖는 것은 부패하고 낙후된 사상에서 비롯된 행위로 여겨 식당에서 음식을 사 먹으려 해도 제약이 많았고 결과적으로 조리 기술 발전을 저해했다. 대부분의 국영 호텔은 전통 관례를 따랐으며 얼마 되지 않는 전통 요리를 제공했기 때문에 식단은 일률적이고 가격은 높고 서비스는 좋지 못했다.

1980년 9월 30일, 개혁개방 이후 북경에 처음으로 개인 식당 '유빈찬관愉賓餐館'이 문을 열었다. 모든 음식점은 국영이었고 식용

1950년대 공장 식당에서 밥을 먹는 노동자들

유·두부조차도 장부와 표를 통해 계획 공급되던 시절이었기에 작은 음식점의 개점은 국제 사회에 적지 않은 반향을 불러일으켰다. 주인은 당시 상황을 생생히 기억했다. 개업 첫날 인민폐 36위안으로 오리 네 마리를 사서 만들어낸 요리가 전부였고, 며칠 만에 72개국 대사와 74개 신문사 기자들이 이 식당을 다녀갔다고 한다.

생활이 풍족해지면서 새로운 음식을 찾게 되고, 집에서 하기 힘든 요리를 원하게 되었다. 다양한 맛과 가격대의 식당과 음식점이 성행했고 개인 식당이 급증하면서 요식업은 중국 투자의 중심으로 부상했다.

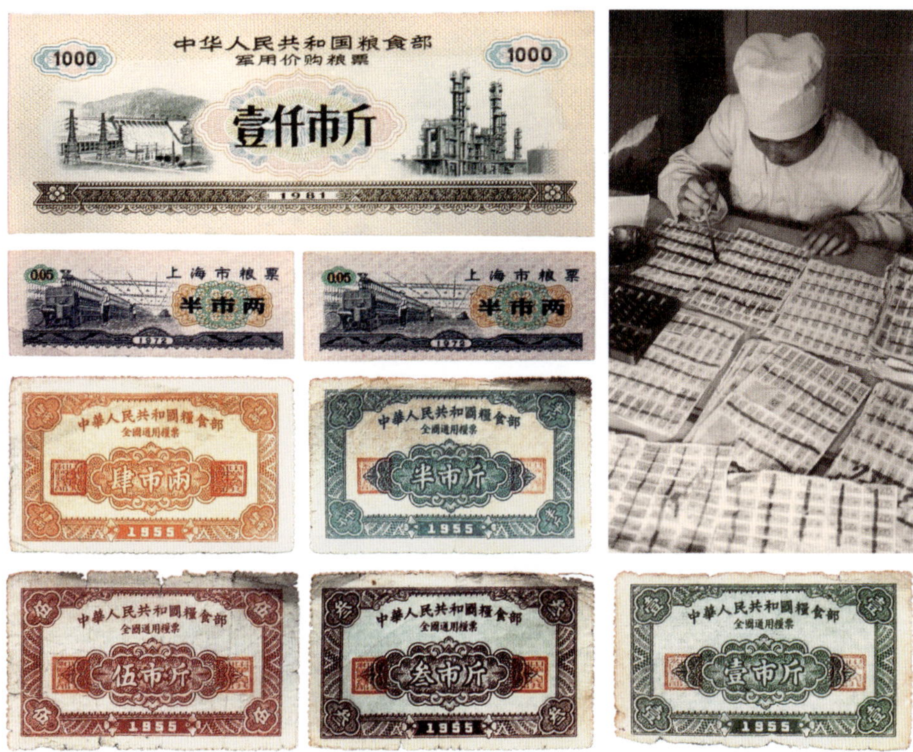

계획경제 시대 중국은 국가가 도시 주민에게 식량을 공급하기 위해 1955년부터 '양표糧票'를 발행했다. 경제가 발전하면서 곡식과 기름 값이 오르자 1990년대 초 실효성이 사라진 양표 제도를 폐지하였다.

점주들은 베테랑 주방장이나 유명한 미식가를 찾아다니며 전통 조리법을 전수받았다. 인기 있는 수제 교자 식당이나 면 전문점은 점포 면적을 넓히고, 다른 요리를 함께 판매하기 시작했다. 유니폼이나 치파오旗袍, 전통 여성 의상를 입고 눈에 띄는 모자를 쓰고 식당 이름이 적힌 띠를 두른 '예쁜 아가씨가 식당 문 앞에서 두 손을 나란히 모으고 웃음을 띠며 고객을 맞는다.

개인 음식점은 서비스를 매우 중시하기 때문에 예의 바르게 고객을 맞는 반면, 번화가의 국영 식당들은 딱딱한 고객 응대 태도와 단조로운 메뉴 때문에 점차 경쟁력을 잃었다. 이렇게 되면서 한동안 도시에서 사라졌던 '맛'도 되돌아왔다. 몇몇 전통 음식점은 북방 지역에서 '대대로 전해 내려온 맛'으로 유명세를 떨쳤고, 상해에서는 '정통과 원조'를 무기로 고객을 끌어들였다.

1990년대 이전까지 음식점을 이용하던 사람은 음식 자체에만 관심을 두었다. 노점에서 파는 음식이라도 값이 싸고 맛이 좋으면 줄을 서서라도 사 먹었다. 그러나 중국의 경제가 급속도로 발전하면서 소비 욕구도 높아져 단순히 허기를 달래는 정도를 넘어서 맛있는 음식·우아하고 깔끔한 식당 환경·세심한 서비스를 요구하

복주福州 중주도中洲島는 관광과 음식을 함께 즐기는 대형 쇼핑센터

기에 이르렀다.

맛있고 실속 있는 가정식 백반이 가정에서 시장으로 그리고 음식점 식탁으로 올라왔다. 고급 음식점의 특별 요리와 달리 가정식은 맛이나 조리법에 두드러진 특징이 있지는 않지만 수많은 음식점이 가정식을 내세워 손님을 끌었다. 맛있고 싸며 부담스럽지 않은 점도 이유지만, 가장 큰 원인은 가족끼리 식당에 와서 식사해도 집과 다름없어 편안한 친밀감과 보편성에 있다. 초기에는 가정식을 제공하는 음식점도 많지 않고, 메뉴도 '궁보계정宮保雞丁, 땅콩·고추·채소 등과 볶은 닭고기'·'어향육사魚香肉絲, 사천지방의 돼지고기 야채볶음'·과일 샐러드 등이 고작이었다.

최근 들어 일상적인 식사 방식에 큰 변화가 일어나 생일·환갑 잔치·모임·파티 등 가족의 식사가 점차 공공장소로 나오게 되었고, 간식거리 · 가정식 · 패스트푸드 등이 큰 인기를 누리게 되었다. 가정식의 부상은 음식 습관을 바꾸었을 뿐만 아니라 경쟁이 치열한 요식업계에도 새로운 활력을 불어넣었다. 여러 글자체의 '가정식'이라는 간판이 골목마다 걸렸고 종류도 다양해져 '모씨네요리毛家菜', '곽림郭林가정식' 등 유명한 가정식 식당이 등장했다. 이로써 가정식은 집에서 즐기던 요리에서 식당 메뉴이자 상업적인 요리로 자리 잡았다.

가정식이 발전하면서 무엇을 어떻게 판매하는가,라는 문제에 차이와 변화가 나타났다. 일부 가정식 음식점에서는 가격이 저렴하지 않은 북경오리구이가 등장하기도 했다. 이 요리는 재료가 통상적인 가정식과 다를 뿐만 아니라 조리법도 복잡하지만 가정식 음식점에서 판매되다 보니 아무리 비싸다 해도 고급 호텔에 비하면 싼 편이어서 보통 사람의 환영을 받았다.

다양한 고객의 입맛을 맞추기 위해 북경 · 상해 · 광주 · 심천 등 인구 유동이 심한 대도시에서는 지방의 특색 요리를 판매하는 음식점이 늘어갔고, 요리의 유행이 1~2년 사이에 큰 변화를 겪었다. 우선 광동요리가 전국을 흔들며 유행하더니 사천요리 산채어酸菜魚, 생선에 채소절임을 넣어 만든 찜, 신강 지역의 양육관羊肉串, 양꼬치, 호남요리 '모식홍소육毛式紅燒肉, 모택동이 가장 좋아했다는 삼겹살찜', 하남 지방의 '홍민양육紅燜羊肉, 각종 향신료를 넣은 양고기찜', 중경 지방의 마랄화과麻辣火鍋, 아주 매운

중국식 패스트푸드

샤부샤부, 동북의 교자, 상해요리, 항주요리, 사천의 수자어水煮魚, 민물고기 매운탕, 향랄해香辣蟹, 매콤한 게 요리, 운남요리, 귀주요리, 대만요리 등이 그 뒤를 이었다.

입맛의 변화는 패션쇼 런웨이 위 형형색색의 의상들처럼 앞서거니 뒤서거니 다양한 모습을 보였다. 북경, 상해, 대북臺北 등지에서는 '개인 비법 요리'라는 가정식 음식점이 등장하기도 했다. 이러한 음식점은 자체 개발한 음식과 간식거리로 손님을 끌어들이고, 개성을 강조한 분위기와 우아한 환경으로 꾸몄다. 또한 규모가 크지 않으며 회원제로 운영하는 경우도 있어 화이트칼라 계층이 선호한다.

서양의 파티 형식을 차용한 뷔페는 중국인에게 음식 선택의 자유를 누릴 수 있게 했다. 일반적인 중국 음식점의 주문 방식과 달리 뷔페의 최대 이점은 음식을 다양하고 자유롭게 선택한다는 점이다. 즉 본인이 좋아하는 음식을 맛보고 서로 교류하는 즐거움을 누리게 되었다.

중국에 처음 오는 외국인은 중국 음식을 맛보고 전통 문화의 향기가 가득한 전통 음식점에서 중국의 정취를 느끼고자 한다. 북경의 전취덕全聚德 · 편의방便宜坊 · 동래순東來順 · 풍택원豊澤園 · 방선仿膳 · 앵천거櫻泉居 · 사과거沙鍋居 · 고육계烤肉季 · 고육완烤肉宛 · 공덕림功德林, 상해의 상해노반점上海老飯店 · 노정흥채관老正興菜館 · 매용진梅龍鎭, 천진의 구불리포자점狗不理包子店 · 홍기순반관鴻起順飯館 · 천일반장天一飯莊 등은 업력이 수십수백 년이다. 치열한 시장 경쟁에서도 이들은 여전히 우위를 점하고 있으며, 특색 있는 대표 요리로 고객을 끌어모을 뿐만 아니라 역사와 문화적 품격을 내세워 고객을 유치하고 있다.

100년이 넘은 북경의 유명 음식점인 '전취덕 오리구이점'이 전형적인 예이다. 사실 중국 최초의 오리구이 전문점은 '편의방 오리구이점'이고 전취덕은 후에 생겼지만 더 유명하다. 특히 외국인에게 전취덕의 명성은 더욱 빛을 발한다. 오리고기를 매달아 굽는 전통을 그대로 유지하면서 전취덕 오리구이점은 규모를 확장했고, 전국에 100여 개 점포를 열어 전취덕만의 '오리구이 자르기'를 시연하고 있다. 많은 사람들이 전취덕의 오리구이를 먹으면서 100년의 역사를 체험하고 있다.

북경의 최대 번화가인 왕부정대가王府井大街에 있는 동래순은 회족의 죽을 파는 노점상이었는데 '양고기 샤부샤부'를 팔면서 지역에서 손꼽히는 전통 음식점으로 성장한 경우다. 이곳에서는 북경 양고기 샤부샤부 외에도 계용은이雞茸銀耳, 닭고기 목이버섯탕 · 고양퇴烤羊腿, 양다리 구이 · 백탕잡쇄白湯雜碎, 맑은 육수에 온갖 재료를 섞어 끓인 요리 · 수조양육手抓羊肉, 손으로 뜯는 양고기 · 작양미炸羊尾, 양꼬리 튀김 등 수많은 채소 볶음요리와 기타 요리가 200여 종이나 있으며, 내유작고奶油炸糕, 우유가 주성분인 북경 간식 · 핵도락核桃酪, 호두 페이스트 같은 특색 있는 간식거리도 있다. 동래순에서는 무슬림 요리와 북경 특유의 양고기 샤부샤부를 먹으면서 북경 토박이의 여유로움을 만끽할 수 있다.

가정식 음식점, 지방 별미 요리점, 전통 음식점과 차별화하여 외국의 패스트푸드점 경영 방식을 도입한 중국식 패스트푸드점이 등장하였

시장에서 파는 오리

정통 프랑스식 요리를 파는 레스토랑

다. 역사는 길지 않지만 중국의 크고 작은 도시 할 것 없이 널리 퍼져 있다. 이런 음식점은 새로운 경영 방식을 채택하여 영업 시간이 길고 음식 맛에서도 전통적인 특색을 유지하여 고객이 언제나 식사할 수 있는 편의를 제공하고, 저렴한 가격과 다양한 메뉴, 맛과 위생으로 빠르게 발전하고 있다. 맥도널드, KFC, 피자헛 등 서양 패스트푸드 체인점이 중국 각지에 진출하고, 콜라 · 햄버거 · 피자 등 서양식을 대표하는 음식이 중국인에게 받아들여지면서 패스트푸

중국식 패스트푸드를 파는 작은 식당

드 기업들은 호황을 누리고 있다.

양식이 중국에 등장한 역사는 700여 년 전으로 거슬러 올라간다. 이탈리아인 마르코 폴로^{Marco Polo}는 중국에 여행을 와서 유럽 요리 조리법을 일부 소개했다. 당시에는 중국에 거주하던 외국인의 홈 파티에서만 볼 수 있었고 궁중이나 왕실 저택에서 서양식을 요리하기도 했으나, 중국요리의 일부분으로 서양 음식이 등장한 것은 한참 뒤의 일이다. 19세기 중엽 서양 열강이 침입하면서 외국인 거주가 증가하고 이른바 '양인洋人'이 고용한 중국s인에게 서양 조리법이 전해지면서 중국인이 서양식을 조리하게 되었다. 양식을 먹는

전통적인 분위기의 레스토랑

것이 낯설지 않게 되었고 식당의 메뉴로 자리매김했다.

중국의 대외 개방 정책이 실시되고 나서 세계 각국의 요리를 선보이는 음식점이 늘어났다. 이 가운데 고급 호텔의 오래된 서양 음식점도 있고, 외국인이 모여 생활하는 지역에 독립적으로 생긴 음식점도 있으며, 관광지에서는 먹자골목을 만들어 외국의 각종 별미를 선보이기도 한다.

여러 음식점에서 제공되는 외국 요리는 자연스럽게 체계를 갖추면서 중국인 특유의 방식으로 서로 다른 지역·국가의 음식 문화와 풍토, 민심을 아우르고 있다. 다시 말해 중국인의 일상생활을 풍요롭게 하고, 중국의 요식업 발전을 촉진하며 다양한 나라의 사람이 음식을 통해 서로 존중하고 포용할 수 있게 되었다.

◎ 중국의 음식 주요 발달 지역

흑룡강
하얼빈
장춘
길림
내몽골 통째로 구운 양머리구이烤全羊
요녕
심양
호화호특
북경고압北京烤鴨, 북경오리구이
쇄양육刷羊肉, 양고기 샤부샤부
북경
구불리포자狗不理包子
천진대마화天津大麻花
하북
천진
서울
양머리구이烤金羊
은천
산서
태원
석가장
대한민국
섬서
제남
산동
란주
기랍면牛肉拉麵
정주
하회족자치구
서안
양고기 포막羊肉泡饃
교자연餃子宴
하남
안휘
강소
남경
상해
호북
합비
동파주자東坡肘子
서호초어西湖醋魚
무한
항주
성도
절강
중경
산야초저육山野炒猪肉
향랄어두香辣魚頭
귀주
호남
남창
불도장佛跳墻
청탕어환淸湯魚丸
계탕탄해방雞湯氽海鮮
소조계정小糟鷄丁
간과계干鍋鷄
산탕어酸湯魚
화강구육花江狗肉
장사
강서
복주
귀양
소유저乳猪
동강염계東江鹽鷄
홍소대군시紅燒大群翅
백운저수白雲猪手
청탕어淸湯魚
광서장족자치구
광동
동과연와冬瓜燕窩
남녕
광주
마카오
홍콩
대만
해구
해남

중국의 음식 欲

초판 1쇄 발행 2026년 3월 10일

지은이 리우쥔루
옮긴이 구선심
펴낸이 김호석
편집부 이면희 · 김영선
마케팅 박선정
경영관리 박미경
영업관리 김경혜

펴낸곳 도서출판 린
주소 경기도 고양시 일산동구 무궁화로 20-18 하임빌로데오빌딩 502호
전화 02-305-0210
팩스 031-905-0221
전자우편 dga1023@hanmail.net
홈페이지 www.bookdaega.com

ISBN 979-11-92575-42-1 03910

· 이 책은 저작권법에 따라 보호받는 저작물이므로 무단전재와 무단복제를 금합니다.
· 파본은 구입하신 서점에서 바꾸어 드립니다.